# LAS CINCO PREGUNTAS MÁS IMPORTANTES

## Y OTRA PREGUNTA ESENCIAL DE LA VIDA

# JAMES E. RYAN

Decano de la Escuela Superior de Educación de Harvard

**HarperCollins** *Español*

© 2018 por HarperCollins Español®

Publicado por HarperCollins Español® en Nashville, Tennessee, Estados Unidos de América.

Título en inglés: *Wait, What? And Life's Other Essential Questions*
© 2017 por James E. Ryan
Publicado por HarperOne, un sello de HarperCollins Publishers.

Editora en Jefe: *Graciela Lelli*
Traducción: *Belmonte traductores*
Adaptación del diseño al español: *Mauricio Diaz*

ISBN: 978-1-41859-732-0

Impreso en Estados Unidos de América

18 19 20 LSC 6 5 4 3 2 1

*Para Doug Kendall*

*1964-2015*

# CONTENIDO

# INTRODUCCIÓN

# ¿Por qué preguntas?

En caso de que te lo estés preguntando, en realidad hay tan solo cinco preguntas esenciales en la vida. Son las preguntas que deberías hacerte a ti mismo y a otros de forma regular. Si desarrollas el hábito de hacer estas cinco preguntas, tendrás una vida más feliz y exitosa. También estarás en posición, al final, de poder dar una buena respuesta a lo que llamaré la pregunta extra, que es probablemente la pregunta más importante que afrontarás jamás.

Antes de que mires hacia otro lado o, peor aún, dejes de leer este libro, déjame decir esto: entiendo perfectamente que lo que acabo de escribir podría sonar exagerado e incluso un tanto extravagante. Mi única excusa es que este libro comenzó como un discurso de graduación, y los discursos de graduación tienen que ser grandiosos. Y si piensas que lo que acabas de leer parece grandioso, ¡deberías escuchar mi discurso! En cualquier caso, te pediría que no me juzgaras con dureza, no tan pronto. Al menos puedo prometer que el libro tiene más tonalidades, y espero que sea más divertido que el discurso; sin duda alguna, es mucho más largo.

Pronuncié el discurso en mi posición como Decano de la Escuela Superior de Educación de Harvard. Cada año en la graduación estoy obligado a ofrecer algunos «breves comentarios», los cuales por lo general no suelen ser tan breves como deberían. Los estudiantes que se gradúan y sus familiares, a su vez, están obligados a escuchar, juntamente con otros miles por todo el país que se ven forzados a sufrir un azote de banalidades y clichés mientras combaten el aburrimiento (por no mencionar los golpes de calor) a cambio de un diploma. Pensé que mi discurso del año pasado sobre las preguntas estaba bien. No era maravilloso, pero estaba bien.

Nunca imaginé que el discurso se volvería «viral», pero así fue. Millones de personas vieron en línea una pequeña parte del discurso. Muchos hicieron comentarios generosos y halagadores; algunos hicieron comentarios decepcionantes y muy poco halagadores, la mayoría de los cuales recuerdo, y algunos de ellos eran muy divertidos. Así es el mundo de los comentarios en línea y mi psique, y de esto último hablaré un poco más adelante.

Lo siguiente que supe es que un editor envió un correo electrónico sugiriendo que convirtiera mi discurso en un libro. Y lo siguiente que ocurrió es que ya lo estabas leyendo, al menos hasta este punto.

Entonces, ¿por qué un discurso y después un libro acerca de la importancia de hacer buenas preguntas, concretamente cinco preguntas esenciales? Buena pregunta. (¿Lo entiendes?). La respuesta es, al menos en parte, personal.

Siempre me han fascinado las preguntas, casi hasta el punto de convertirse en obsesión. Como la mayoría de los niños, yo hacía muchas preguntas cuando era más jovencito. El problema, especialmente para mis amigos y familiares, es que nunca superé ese hábito. Recuerdo con algo de vergüenza muchas conversaciones llenas de preguntas en la cena con mis padres y mi pobre hermanita, que tenía que soportar un aluvión de preguntas y comentarios.

A medida que fui creciendo, mis preguntas eran menos del tipo «por qué el cielo es azul» y más del tipo de preguntas que un abogado podría hacer cuando interroga a un testigo, aunque más persistente que hostil; o al menos así me gustaba verlo. Les preguntaba a mis padres por qué creían que ciertas cosas eran verdaderas y si tenían alguna evidencia para respaldar sus creencias. Así que le pregunté a mi madre qué prueba tenía ella de que Ronald Reagan fuera un buen presidente, y le pregunté a mi padre qué prueba tenía él de que Ronald Reagan fuera un mal presidente. Les preguntaba a ambos qué evidencia real tenían de que el Papa era el representante de Dios en la tierra. No todos los temas eran tan elevados. Estaba igualmente dispuesto a interrogar a mis padres acerca de temas más triviales, como por qué pensaban ellos que era importante que yo comiera coles de Bruselas o por qué alguien pensó que el hígado y las cebollas eran alimentos.

En pocas palabras, yo era molesto. Mi padre, que nunca estudió en la universidad, no sabía bien qué hacer con mis constantes preguntas y el hecho de que hacer preguntas y lanzar una pelota parecían ser mis únicos talentos verdaderos. A diferencia de él, yo no sentía inclinación por la mecánica y no sabía arreglar nada. No tenía habilidades prácticas; pero nunca me quedaba sin preguntas, razón por la cual mi padre siempre me decía repetidamente que sería mejor que me hiciera abogado. No se imaginaba que yo pudiera ganarme la vida de ninguna otra forma.

Finalmente seguí el consejo de mi padre, y fui a la universidad a cursar la carrera de derecho. Me iba como anillo al dedo. Los profesores de derecho, como quizá sepas, enseñan principalmente usando el método socrático, o al menos una versión modificada del mismo. Apelan a los estudiantes de derecho y les hacen pregunta tras pregunta, probando si las respuestas que dan los estudiantes necesitan más investigación o un ligero cambio de los hechos. Si se hace bien, esa serie de preguntas fuerza a los estudiantes a pensar más en las implicaciones de sus argumentos y a investigar principios generales del derecho que se puedan aplicar en varios contextos diferentes.

Yo sentía que había encontrado mi entorno, lo cual es una de las razones por las que, tras practicar la abogacía durante unos años, decidí convertirme en profesor de derecho.

Poco después de comenzar como profesor en la facultad de derecho de la Universidad de Virginia, que fue también el lugar donde yo estudié, mis padres me visitaron en Charlottesville. Mi padre preguntó si podía asistir a una de mis clases. Mirándolo en retrospectiva, fue una experiencia emotiva, ya que sería la única vez que él me vería enseñar. Murió pocos meses después, repentinamente y sin esperarlo, de un ataque al corazón.

Mi papá estaba un tanto sorprendido de que yo hubiera escogido ser profesor de derecho. Él sabía que me encantaba ejercer como abogado, y no estaba convencido del todo de que ser profesor fuera un verdadero trabajo; pero después de estar en la clase, en la cual no me cansé de hacer preguntas a los estudiantes, mi padre se dio cuenta de que probablemente yo me las había ingeniado para encontrar quizá el único trabajo en el mundo para el que estaba naturalmente diseñado. «Tú naciste para hacer esto», me dijo, añadiendo en tono de broma que no podía creer que me pagaran por hacer preguntas a los estudiantes que parecían tan molestas como las que yo hacía alrededor de la mesa cuando era pequeño.

Después de enseñar derecho durante quince años en la Universidad de Virginia, recibí inesperadamente una oferta para ser el decano de la Escuela Superior de Educación de Harvard. Había estado escribiendo y enseñando sobre las leyes educativas durante toda mi carrera, así que no era una idea totalmente descabellada mudarme a una facultad de educación; y me importaba mucho esa oportunidad en la educación, al haberme beneficiado mucho por la educación que recibí en mi pequeña ciudad al norte de Nueva Jersey y más adelante en Yale y la Universidad de Virginia.

Al igual que mi padre, mi madre no estudió en la universidad, pero ambos creían firmemente en el poder de la educación, y yo experimenté ese poder de primera mano. Los maestros en mi instituto público en Nueva Jersey me ayudaron a entrar en Yale como licenciado, y esa experiencia cambió mi vida: me abrió puertas que ni siquiera sabía que existían. También me condujo a hacer una pregunta que he estado intentando responder durante la mayor parte de mi vida profesional: ¿por qué nuestro sistema de educación pública funciona bien para algunos niños pero no tan bien para otros muchos, especialmente para los que ya tienen alguna desventaja? Acepté ser decano en Harvard porque me pareció una oportunidad que solo se presenta una vez en la vida para trabajar con un grupo de personas dedicadas e inspiradas, todas ellas profundamente comprometidas con la mejora de las oportunidades educativas para los estudiantes que a menudo quedan desatendidos.

Como descubrí en mi primer año de trabajo, los decanos tienen que dar muchos discursos. El discurso más importante es el del día de la graduación, y también es el más difícil de hacer bien.

No estaba muy seguro de qué decir en mi primer discurso de graduación, así que resucité un discurso que di en mi graduación de secundaria. (Sí, estaba un poco desesperado). El tema de mi discurso fue el tan original tema del «tiempo», y en la secundaria todo el discurso consistió en preguntas desconectadas de personas famosas, sacadas de *Bartlett's Familiar Quotations,* sobre la santidad del tiempo, como qué dice Helen Keller sobre el tiempo, Einstein sobre el tiempo, Yogi Berra sobre el tiempo. Cuando volví a retocar el discurso para la graduación de Harvard de la clase de 2014, me di cuenta de que lo que estaba intentando decir treinta años antes era que no deberíamos malgastar el tiempo teniendo miedo: del pasado, del futuro, de la incertidumbre, de otras personas, de nuevas ideas o nuevas situaciones. Aún hoy sigo creyendo que eso es cierto.

Mi segundo año hablé sobre otro tema que había captado mi atención durante mucho tiempo: el pecado de omisión. Me crié en la iglesia católica, asistiendo a misa cada semana y ayudando como monaguillo. Los católicos, por si no lo sabes aún, dan mucha importancia al pecado, y en particular al pecado de omisión.

Aprendí sobre el pecado de omisión durante mi primera confesión. Aproximadamente un año antes, cuando tenía once años, mi amigo y yo prendimos fuego por accidente en el patio trasero de mi casa. Estábamos intentando encender una hoja con una lupa, y al ver que no funcionaba, decidimos mojar algunas hojas en gasolina. Funcionó muy bien; tan bien, de hecho, que provocó un gran incendio en el jardín. Mi amigo y yo finalmente nos las arreglamos para apagar el fuego, pero no sin antes chamuscarme las cejas.

Esa noche, cuando mis padres me preguntaron si tenía idea de por qué había una gran zona de hierba quemada en nuestro jardín, fingí estar tan sorprendido como ellos.

—Qué raro—, dijo mi padre.

Le pregunté por qué pensaba que era raro.

—Porque estoy casi seguro de que tú te levantaste hoy de la cama con ambas cejas.

No dijo más. Estoy seguro de que él esperaba que yo finalmente confesara, lo cual hice. Pero primero se lo confesé a un sacerdote, y después, mucho más tarde, a mis padres.

Al principio, no estaba seguro de admitir ese pecado concreto en mi primera confesión. Me parecía demasiado grande como para hablar de él tan pronto, y me di cuenta de que eran realmente dos pecados: encender el fuego, y después, como a veces dicen los políticos, «recordar mal» que lo había hecho cuando me preguntaron mis padres.

Cuando llegó el momento de confesarme, primero le pregunté al sacerdote qué ocurría si no confesaba todos mis pecados. Quería saber qué opciones tenía, básicamente. «Eso también sería pecado», dijo él. «Un pecado de omisión». *Vaya*, pensé, aunque obviamente no lo dije. No hacer algo que se supone debo hacer, me explicó el sacerdote, puede ser un pecado igual que hacer algo malo intencionadamente.

La idea de poder pecar por no hacer nada me asombró al principio, pero con los años llegué a creer que los pecados de omisión a menudo son más dañinos, para otros y para nosotros mismos, que los pecados de comisión. Sin duda, creo que suelen ser la fuente de nuestros más profundos lamentos, razón por la cual finalmente les conté a mis padres lo del fuego en el jardín. También es la razón por la que hablé del pecado de omisión durante mi segundo discurso de graduación como decano. Sugerí que los estudiantes deberían prestar mucha atención a lo que *no* están haciendo.

En la primavera de 2016, al acercarse la graduación, mis amigos y colegas comenzaron a preguntarme sobre qué tenía pensado hablar en mi discurso. Durante un tiempo, simplemente respondí de manera reflexiva: «Esa es una buena pregunta», lo cual es, lo sé, una respuesta un tanto coja. Pero después me di cuenta de que, aunque pueda ser una mala respuesta, «las buenas preguntas» podrían funcionar como un tema en sí para el discurso de graduación, especialmente teniendo en cuenta mi obsesión natural con el tema.

Así que la importancia de hacer, y de escuchar, buenas preguntas se convirtió en el tema de mi discurso, y es el tema de este libro. Los capítulos que siguen tratarán cinco preguntas esenciales, así como la pregunta extra del final. Pero antes de pasar a esas preguntas específicas, quizá nos sería útil situarlas en un contexto más amplio; por lo tanto, permíteme hacer dos sugerencias con respecto a las preguntas en general.

La primera sugerencia es pasar más tiempo pensando en las preguntas correctas que hacer.

Muchos pasamos demasiado tiempo preocupándonos por tener las respuestas correctas. Quienes se acaban de graduar puede que sean especialmente propensos a esta preocupación, al haber recibido un diploma que acredita su conocimiento; y sus familias, especialmente si les han ayudado a pagar ese diploma, también puede que esperen algunas respuestas. Para muchos de nosotros, sin embargo, la preocupación por las respuestas correctas persiste a lo largo de la vida. Es un elemento común de nuestra vida profesional, y no queremos sentirnos incompetentes alrededor de nuestros colegas; también afecta nuestra vida personal, ya que no queremos dar la impresión de que no tenemos ni idea ante aquellos que podrían depender de nosotros. Los padres primerizos, por ejemplo, quieren tener respuestas para, y acerca de, sus hijos. Al igual que los nuevos empleados, los nuevos padres tienden a ponerse nerviosos si se encuentran con una pregunta que no saben responder, lo cual por supuesto ocurre muy frecuentemente cuando somos nuevos en cualquier cosa. Por esta razón, las nuevas experiencias pueden ser estresantes. Si crees que debes tener todas las respuestas, y lo único que tienes son preguntas, ¿quién no se estresaría?

Yo sufrí este fenómeno cuando acepté el puesto de decano. Al principio pensé que una gran parte de mi trabajo era tener todas las respuestas. Los líderes, a fin de cuentas, son los que deben marcar la visión, supuestamente. Expresar con claridad la visión es, en un sentido, una respuesta a la pregunta crucial: ¿de qué se trata esta institución, después de todo? Confieso que no tenía mucha visión cuando comencé; apenas sabía dónde encontrar el baño más cercano. No tener respuestas, y mucho menos una visión, me ponía nervioso al principio, hasta el punto de la desesperación y el pánico ocasional.

Tras un tiempo, sin embargo, me cansé de fingir que tenía todas las respuestas, así que empecé a hacer preguntas, incluso como respuesta a preguntas. Por ejemplo: «Esa es una buena pregunta. ¿Qué piensa usted?». Llegué a darme cuenta de que hacer buenas preguntas es tan importante para los decanos como para los profesores de derecho, aunque las preguntas ciertamente son distintas. Solo haciendo preguntas a otros, por ejemplo, es que puedes expresar con claridad una visión que sea atractiva para quienes trabajan contigo. Hasta que llegué a entender eso, pasaba tanto tiempo estresado que no podía responder de inmediato a todas las preguntas que me hacían, tanto grandes como pequeñas.

Con esto no quiero decir que las respuestas sean irrelevantes o que no sean importantes. Más bien quiero sugerir que las preguntas son tan importantes como las respuestas, y a veces más. La sencilla verdad es que una respuesta solo puede ser tan buena como la pregunta planteada. Si hacemos la pregunta incorrecta, recibiremos la respuesta incorrecta.

Sé eso por experiencia propia, de hecho tengo muchas experiencias, pero compartiré tan solo una. El escenario era un baile en la facultad de derecho en Charlottesville, en 1990. Finalmente había reunido el valor necesario para presentarme a Katie Homer, una compañera alumna de derecho de la que me había enamorado profundamente; pero cometí dos errores. Primero, decidí presentarme mientras Katie estaba bailando con otra persona. (No me preguntes por qué, aunque esa sería una buena pregunta). El segundo error, y el más importante, es que en el último momento me puse nervioso, y en vez de presentarme a Katie me presenté a su compañero de baile, a quien llamaré Norman. Pregunté, en voz bastante alta para que me oyera a pesar de la música:

—¿Eres Norman, de casualidad? Te pregunto porque creo que estamos juntos en la clase de Procedimiento Civil, y me gusta mucho tu participación en las clases de discusión.

—Sí, yo soy, ¡y gracias! —respondió alegremente Norman.

Ahora bien, dada la pregunta que hice, Norman respondió con una respuesta perfectamente apropiada; pero no dejaba de ser una respuesta errónea. La respuesta correcta, para mí, habría sido: «Soy Katie Homer. Encantada de conocerte, y sí, realmente me gustaría casarme contigo». Pero sin hacer la pregunta correcta, no podía esperar obtener la respuesta correcta. Por suerte para mí, Katie entendió la verdadera pregunta que yo estaba intentando hacer, lo cual ayuda a explicar por qué actualmente estamos casados.

Plantear buenas preguntas es más difícil de lo que podría parecer, y digo esto no solo para explicar por qué hice la pregunta incorrecta en el baile. Hacer buenas preguntas es difícil porque exige ver más allá de las respuestas fáciles y enfocarse en cambio en lo difícil, engañoso, misterioso, raro, y a veces en lo doloroso. Pero sospecho que tú y tus oyentes se beneficiarán por el esfuerzo, y eso será así tanto en tu vida profesional como personal.

Hacer buenas preguntas es crucial para el éxito en casi cada carrera profesional imaginable. Los buenos maestros, por ejemplo, aprecian que las preguntas bien planteadas hagan que el conocimiento cobre vida y creen la chispa que encienda la llama de la curiosidad. Y no hay mejor regalo que ofrecer a los niños que el regalo de la curiosidad. Los líderes eficaces, incluso los grandes, aceptan que ellos no tienen todas las respuestas; pero saben cómo hacer las preguntas correctas, preguntas que fuerzan a otros y a ellos mismos a ir más allá de las preguntas de siempre, preguntas que abren posibilidades que, antes de esa pregunta, eran invisibles.

Los innovadores, en cualquier ámbito, entienden la sabiduría de Jonas Salk, quien desarrolló la vacuna contra la polio: «Lo que la gente considera el momento del descubrimiento», destacó Salk, «es realmente el descubrimiento de la pregunta». Se necesita tiempo para descubrir la pregunta, pero es tiempo bien empleado. Todo el mundo sabe que Einstein, que fue un gran creyente de la importancia de hacer buenas preguntas, dijo que si tuviera una hora para resolver un problema y su vida dependiera de ello, pasaría los primeros cuarenta y cinco minutos decidiendo cuál es la pregunta adecuada que se debería hacer. Quizá tú quieras dedicar un poco más de tiempo que Einstein a la solución, pero entiendes lo que quiero decir.

Hacer buenas preguntas es igualmente importante en tu vida personal. Los buenos amigos hacen buenas preguntas, como las hacen los buenos padres. Plantean preguntas que, solo al hacerlas, muestran cuánto saben y se interesan por ti; hacen preguntas que te hacen detenerte, que te hacen pensar, que provocan honestidad y que te invitan a conectar a un nivel más profundo. Hacen preguntas que no demandan tanto una respuesta como demostrar que la pregunta es irresistible. Plantear preguntas irresistibles, creo yo, es un arte que vale la pena cultivar.

Sin duda, hacer buenas preguntas es parte de lo que nos hace humanos. Pablo Picasso dijo en una ocasión que pensaba que las computadoras eran inútiles porque lo único que podían darnos eran respuestas. Eso es un tanto extremo, y Picasso estableció su afirmación mucho antes de la llegada de Siri y Google, por no mencionar a Watson. Pero si pensamos en ello, Siri, Google y Watson son maravillosos respondiendo algunas preguntas básicas, pero no son muy buenos haciéndolas.

Las computadoras también son bastante horribles para interpretar preguntas que no se planteen bien, lo cual nos lleva a mi segunda sugerencia: es importante escuchar para hacer buenas preguntas. Es un cliché decir que no existe tal cosa como una mala pregunta. Eso es en realidad falso, pero solo en parte. Hay muchas preguntas que son malas nada más verlas, como: «¿Eres Norman, de mi clase de Procedimiento Civil?». Que esas preguntas sigan siendo malas, no obstante, a menudo depende del oyente. Y la sugerencia que quiero hacer es que nosotros, como oyentes, podemos convertir la mayoría de las malas preguntas en buenas, dado que escuchemos de manera atenta y generosa.

A decir verdad, seguro que de vez en cuando te toparás con algunas preguntas que no tienen arreglo, pero muchas de las que parecen malas a primera vista son realmente buenas preguntas, o al menos preguntas inocentes disfrazadas con ropas extrañas. Para ayudarte a ver esto, me gustaría hacerte un breve examen o, como dicen en la educación hoy, una evaluación formativa. Contaré dos historias, ambas verídicas, y tu tarea es identificar qué es lo que las diferencia.

Poco después de mi llegada a Yale como estudiante universitario de primer año, en 1984, tuve una conversación con una compañera de clase. Fue un intercambio animado y fácil, y después de unos veinte minutos, mi compañera se detuvo y dijo: «¿Puedo hacerte una pregunta?». Y pensé para mí: ¡Esto es increíble! Me va a pedir que vaya a cenar con ella o que vayamos al cine. Llevo dos días en la universidad, y estoy a punto de que me propongan una cita.

Ahora bien, antes de decirte cuál fue exactamente la pregunta que me hizo, debería decir que en ese momento de mi vida apenas medía cinco pies y tres pulgadas (1,70 metros) de estatura, unos quince centímetros menos que el descomunal cuerpo de cinco pies y nueve pulgadas (1,75 metros) que tengo hoy día. Quizá algo más relevante era que, para mí, la pubertad seguía siendo solo un concepto hipotético. En pocas palabras, por decirlo así, yo tenía el aspecto de un chico de doce o trece años. Así que volviendo a la pregunta, la que esperaba que fuera mi compañera de cita dijo: «Verás, no estoy segura de cómo preguntarte bien esto, pero ¿eres uno de esos chicos, ya sabes, de esos chicos prodigio?». No es necesario decir que no fuimos a cenar. Ni al cine.

Comparemos esa pregunta con la que le hicieron a mi madre unos dos meses después de mi dolorosa conversación sobre ser un niño prodigio. Yo me crié en Midland Park, una ciudad obrera al norte de Nueva Jersey que estaba llena de fontaneros, electricistas y jardineros. Estaba rodeada de barrios más ricos, cuyos propietarios contrataban a los fontaneros, electricistas y jardineros de Midland Park. La tienda de alimentación a la que solíamos ir, la A&P, estaba en el límite de Midland Park y una ciudad vecina rica. Un día, cuando mi madre estaba metiendo las bolsas de la compra en su auto en el estacionamiento del A&P, una mujer particularmente bien peinada se acercó y le preguntó a mi madre si era de Midland Park. Cuando mi mamá le dijo que efectivamente vivía en Midland Park, la mujer señaló la pegatina de Yale que había en el cristal trasero del auto de mis padres, y dijo: «No es por husmear, pero tengo una curiosidad: ¿esa pegatina de Yale estaba en el auto cuando lo compró?».

Podemos ver la diferencia entre las dos preguntas, ¿verdad? La primera era inocente, incluso (un poco) divertida, lo cual finalmente reconocí cuando llegué a la pubertad unos larguísimos meses más tarde. La segunda pregunta realmente era hostil; ni siquiera era una pregunta, sino un insulto.

Seguro que en el transcurso de tu vida te encontrarás con algunas preguntas hostiles, si no te ha pasado ya, algunas de desconocidos, otras de colegas, supervisores o familiares. El truco está en distinguir las hostiles de las inocentes pero mal hechas. Las preguntas mal hechas podrían ser la forma que tiene quien pregunta de decirte que quiere conocerte más, o podrían ser producto de la ansiedad y la ignorancia, nada de lo cual es moralmente digno de culpa. Las únicas preguntas verdaderamente malas no son en realidad preguntas; son afirmaciones disfrazadas de preguntas que tienen la intención de menospreciar o que están pensadas para hacer tropezar. Merece la pena tener cautela con esas «preguntas», pero creo que también merece la pena seguir abierto, y ser generoso, con las otras preguntas genuinas, incluyendo las que están mal hechas.

Para darte una idea más concreta de por qué creo en el poder y la belleza de las buenas preguntas, quiero dirigirme ahora hacia las cinco preguntas esenciales. Estas son las preguntas que deberías hacer siempre, y escuchar, incluso cuando se hagan de una manera no muy sofisticada. A decir verdad, estas no son las únicas preguntas importantes que puedes hacerte a ti mismo y a otros. Lo que es importante a menudo dependerá del contexto. Estas cinco preguntas más bien son esenciales, básicas de cada día tanto en conversaciones profundas como sencillas, preguntas que casi siempre son útiles, independientemente del contexto. Son preguntas que pueden ayudarnos rápidamente a pasar una mañana de lunes y también pueden ayudarnos a saber qué queremos hacer con nuestra vida. Son preguntas que ayudarán a formar nuevas relaciones y a profundizar las que ya tienes.

*****

Cuando estaba en la escuela primaria, el conserje de la escuela tenía un llavero enorme colgando de su cinturón. Las llaves me fascinaban, en parte porque parecía que la cantidad de llaves era mayor que el número de puertas de nuestra escuela primaria, o al menos las puertas que se podían ver como estudiante. Me preguntaba qué otras puertas invisibles podrían abrir esas llaves, y qué habría tras ellas. Pensaba que el conserje era la persona más poderosa de la escuela porque tenía todas las llaves. Para mí, las llaves eran sinónimo de poder.

Las preguntas son como llaves. La pregunta correcta, hecha en el momento adecuado, abrirá una puerta a algo que no sabes todavía, algo que aún no has entendido, o algo que aún ni siquiera has considerado, sobre otros y sobre ti mismo. Lo que estoy sugiriendo es que las cinco preguntas que siguen son como cinco llaves cruciales en un llavero. Aunque ciertamente necesitarás otras llaves de vez en cuando, nunca querrás que te falten estas cinco.

# CAPÍTULO UNO

# Espera, ¿qué dices?

La primera vez en mi vida que pregunté: «Espera, ¿qué dices?» fue momentos antes de que naciera mi hijo Will.

Katie y yo pensábamos que sabíamos todo con respecto a las contracciones y el parto en sí, aunque éramos padres primerizos. Fuimos a clases de preparación para el parto, practicamos la respiración, vimos videos. Cuando llegó el momento, y Katie rompió aguas la mañana del 25 de febrero de 1996, sabíamos que estábamos listos.

Hicimos el ingreso en el hospital Lenox Hill en la ciudad de Nueva York y nos llevaron a una sala de contracciones y partos, la cual estaba decorada como la habitación de un hotel Marriot. Como era su primera vez, Katie no sabía realmente si eran contracciones o no. Tenía algunos dolores suaves, pero las enfermeras más veteranas no estaban preocupadas. Mientras caminábamos por el hospital, esperando que el proceso se acelerase, con Katie casi todo el tiempo riendo y ocasionalmente haciendo muecas de dolor, una enfermera mayor le dijo con un clásico estilo neoyorkino: «Cariño, ¿sabes lo que necesitas? Una verdadera contracción».

Las verdaderas contracciones llegaron unas diez horas más tarde. Era difícil no darse cuenta. El problema era que parecía que no ocurría nada más, y después de un tiempo, Katie y el que pronto sería nuestro hijo Will comenzaron a sufrir. El médico entró en la habitación y dijo con aire despreocupado que era el momento de llevarnos a otra habitación. Eso no formaba parte del plan original, pero fuimos sin preguntar, lo cual es bastante irónico dado el tema de este libro.

La otra habitación era un quirófano, así que pasamos de los acogedores confines de nuestra habitación de imitación de un hotel a una sala iluminada y fría, de baldosines. Nos esperaba un equipo de técnicos y enfermeras. Yo estaba de pie junto a la cama de Katie mientras el médico explicaba con mucha calma que Will básicamente estaba atascado, probablemente porque tenía una cabeza muy grande, y que tenían que sacarlo de inmediato. El médico preguntó si preferíamos fórceps o ventosa para ayudar al parto. Katie gritaba: «¡Quítenme los dolores!». Eso no respondía directamente a la pregunta, pero decidí que era mejor no destacarlo. En cambio respondí que pensaba que el médico sabría qué era lo más indicado, dado que aquella era básicamente nuestra primera vez en esa situación. Él decidió usar la ventosa.

Lo siguiente que supe es que apareció un hombre junto a mí y se presentó como médico. Después explicó, con mucha calma, que iba a presionar con su antebrazo el estómago de Katie y a deslizarlo para sacar a nuestro bebé, «algo parecido a cuando aprietas y le quitas un hueso a una aceituna». Mientras se cruzaba por el estómago de Katie para asirse del rail opuesto de la cama para hacer palanca, recuerdo claramente pensar que nunca vimos ese procedimiento concreto en las clases de preparación para el parto, y que tampoco vimos nunca eso de «quitarle el hueso a la aceituna» en los videos de preparación para el parto.

Pero lo único que pude decir fue: «Espera, ¿qué dices?».

En lugar de responder, el médico presionaba hacia abajo sobre el estómago de Katie. Katie educadamente explicaba que eso le causaba un ligero malestar; creo que sus palabras exactas fueron: «Quítese de encima o le mato». Momentos después, Will actuó como si fuera un hueso de aceituna y salió.

Había oído la pregunta «Espera, ¿qué dices?» mucho antes de hacerla yo mismo en la sala de partos. Uno de mis compañeros de cuarto en la universidad, Keith Flavell, hacía esa pregunta a cada momento. Canadiense encantador y amable, a Keith le resultaba difícil a veces entender a muchos de sus compañeros de cuarto, incluyéndome a mí. «Espera, ¿qué dices?» se convirtió en la respuesta casi refleja de Keith en nuestras conversaciones, las cuales por lo general contenían rangos de aseveración que iban desde ligeramente increíble hasta ridículo. Sin embargo, hasta donde yo sé, la pregunta era única de Keith; era su pregunta de identidad.

Desde entonces me dijeron que la pregunta es común entre los canadienses, pero no he sido capaz de determinar si era común a mitad de la década de los ochenta, cuando Keith y yo estábamos en la universidad. De hecho, no he podido saber con exactitud dónde o cuándo apareció esta pregunta

por primera vez. Lo único que sé es que Keith co
menzó una moda internacional.

Cuando Keith y yo separamos nuestros caminos
después de la graduación, la pregunta prácticamen-
te desapareció de mi vida, al menos por un tiempo.
Katie hacía la misma pregunta de vez en cuando, al
habérsela escuchado a Keith, pero yo nunca volví a
escuchar a nadie más hacerla. Después nuestro hijo
Will, debidamente apropiado dado sus orígenes, comenzó a hacer la pregunta hace unos diez años. Observé que sus amigos también hacían la pregunta; y
entonces casi de la noche a la mañana, parecía que a
cada lugar donde yo iba, alguien estaba haciendo esa
pregunta. Ahora es algo básico en las conversaciones
del día a día, especialmente entre aquellos que tienen
menos de treinta años, aunque ciertamente no está
limitado a los mileniales.

Algunos lingüistas tradicionales quizá lamenten
que esta pregunta en particular se haya difundido
tanto, y tal vez se quejen de la aparente superfluidad
del «espera». Otros quizá vayan más lejos y señalen
que es más una prueba de degradación del lenguaje
y el declive de la civilización. Pero los odiosos siempre odian, como se suele decir, y en este caso los es-
cépticos se equivocan, porque «Espera, ¿qué dices?»

es verdaderamente una gran pregunta. Sin duda, esta pregunta engañosamente sencilla es esencial, si no profunda, una vez que uno aprecia bien cómo se puede usar.

Para comenzar, «Espera, ¿qué dices?» es notablemente flexible, lo cual podría explicar parte de su popularidad. La pregunta se puede hacer de varias formas, dependiendo de lo que demande la ocasión. Un «Espera, ¿qué dices?» dicho sin más, por ejemplo, puede ser simplemente una forma de pedirle a una persona que repita lo que ha dicho y que lo explique un poco más, porque la aseveración o sugerencia causó sorpresa y fue un poco difícil de creer. Un «espera» alargado y seguido de un corto pero enfático «¿qué dices?» es una buena manera de indicar una genuina incredulidad. Es un poco como preguntar, educadamente: «¿Realmente has dicho lo que has dicho?» o «¿Estás de *broma*?». La formulación inversa, donde tenemos un corto «Espera» seguido de un «¿qué dices?» alargado se puede usar cuando alguien te pide que hagas algo, y pueda conllevar sospecha y escepticismo con respecto a los motivos que hay tras la petición u oposición abierta a lo que nos han pedido.

La última formulación es la manera en que mis hijos más frecuentemente usan la pregunta en nuestras conversaciones. Por lo general, hacen esta pregunta cuando llego al punto en una conversación en el que estoy sugiriendo que hagan una tarea o dos. Desde su perspectiva, me oyen decir algo como: «Bla, bla, bla y después me gustaría que limpiaran sus cuartos». Y en ese preciso instante, inevitablemente aparece la pregunta: «Espera, ¿qué diceeeees? ¿Has dicho limpiar? ¿Nuestros cuartos?».

«Espera, ¿qué dices?» es la primera de las preguntas esenciales en mi lista porque es una manera eficaz de pedir aclaración, y la aclaración es el primer paso hacia el verdadero entendimiento de algo, ya sea una idea, una opinión, una creencia o una propuesta de negocio. (Probablemente no sea una buena idea hacer esta pregunta como respuesta a una proposición matrimonial. Solo lo digo).

El «espera» que precede al «¿qué dices?» se podría considerar tan solo como un tic retórico inútil; pero creo que es crucial porque nos recuerda a nosotros mismos (y a otros) que debemos aminorar para asegurarnos de entender correctamente. Con demasiada frecuencia no nos detenemos para pedir aclaración, pensando que entendemos algo antes de ser así. Al hacer eso, nos perdemos la oportunidad de entender el pleno significado de una idea, una aseveración o un evento. Preguntar «Espera, ¿qué dices?» es una buena forma de aprovechar, en lugar de perder, esas oportunidades.

Para dar un ejemplo, hace años Katie y yo, junto a un par de amigos, viajamos a Noruega para hacer senderismo y viajar en kayak. Mientras estábamos allí nos encontramos con otro viejo amigo que trabajaba como guía rural, llevando pasajeros en viajes de turismo y a zonas de camping remotas. Cuando escuchó que estábamos planeando hacer senderismo cerca de un fiordo en particular al día siguiente, nos preguntó si podíamos llevar a uno de sus clientes con nosotros, un chico japonés de diecinueve años, que quería ver ese fiordo en concreto. Accedimos y le recogimos al día siguiente.

Su inglés era un poquito irregular y nuestro japonés era inexistente, así que fue un viaje bastante callado. Cuando llegamos a nuestro fiordo, nuestro nuevo amigo de inmediato saltó del auto y sacó de su mochila la carátula de un álbum. Después comenzó a correr a distintos puntos, deteniéndose de vez en cuando para contrastar la carátula y mirar al fiordo hacia una gran montaña que se veía a lo lejos. Después se iba a otro lugar y se volvía a detener. Todos nosotros nos mirábamos mientras le observábamos, sin estar seguros de lo que estaba pasando y preocupados de que pasara algo malo.

Cuando finalmente le alcanzamos, vimos que la carátula tenía una fotografía de un fiordo, con una gran montaña en la distancia. La carátula era de una sinfonía de Edvard Grieg, el compositor noruego. Finalmente entendimos que la fotografía de la carátula era del lugar exacto que estábamos visitando, y nuestro nuevo amigo intentaba encontrar el lugar exacto desde donde se tomó la fotografía. Después explicó que había soñado toda su vida con visitar ese lugar, y que por eso había gastado los ahorros de toda su vida para ir a Noruega.

Y fue entonces cuando Katie preguntó: «Espera, ¿qué dices?». Finalmente supimos que ese joven se crió en un diminuto apartamento en Tokio y que había tenido una infancia difícil. Su único escape era escuchar la sinfonía de Grieg y soñar con ir a visitar algún día el lugar que aparecía en la fotografía del álbum. Para él, era el lugar más bonito del mundo. Tardamos un largo rato en entender su historia, pero al preguntar «Espera, ¿qué dices?», Katie le estaba invitando a explicar y señalar que queríamos escuchar su historia, que resultó ser una historia impresionante.

Preguntar «Espera, ¿qué dices?» es también una buena manera de evitar llegar a conclusiones rápidamente o hacer juicios inmediatos. Con demasiada frecuencia decidimos muy pronto si estamos o no de acuerdo con alguien o con alguna idea, sin hacer el esfuerzo de entender verdaderamente a la persona o el punto. Nuestras conversaciones públicas, y especialmente las conversaciones en las redes sociales, a menudo se parecen a ejercicios para escoger bandos y seleccionar equipos. Oímos o leemos algo, hacemos una breve llamada, y después menospreciamos a los que no están de acuerdo tachándolos de ignorantes o malvados. Si dedicásemos más tiempo a entender ideas y perspectivas, especialmente las nuevas y desafiantes, quizá seríamos menos desdeñosos y más curiosos. Incluso si entender mejor una idea o perspectiva no cambia tu manera de pensar, es probable que te haga respetar o al menos apreciar a la persona que propone dicha idea más de lo que lo harías de otro modo.

Aunque solo fuera por eso, entender verdaderamente una idea o un argumento te permite hacer un juicio informado al respecto. Eso lo aprendí viendo al juez de la Corte Suprema de Estados Unidos, John Paul Stevens, que fue uno de los mejores interrogadores que jamás he visto en toda mi vida profesional. Vi al juez Stevens en acción cuando trabajaba para el juez de la Corte Suprema, Rehnquist. Ser empleado de la Corte es un trabajo soñado para un joven abogado, especialmente cuando está obsesionado con las preguntas, en parte porque se nos permitía asistir a todos los alegatos orales. Cada alegato duraba una hora, con treinta minutos para cada parte. Además del juez Thomas, que es una leyenda por no hacer casi nunca una pregunta, los jueces acribillan a los abogados con preguntas. A menudo, los jueces hacían alegatos mediante los abogados, comunicando más a sus colegas del banquillo que al abogado que alegaba ante el tribunal.

Ese no era el estilo del juez Stevens. Aunque nunca hizo la pregunta exacta «Espera, ¿qué dices?», esta era básicamente la pregunta que siempre hacía a los abogados, una y otra vez. Usando varias formulaciones de la misma pregunta, les pedía a los abogados que aclararan un punto clave de sus alegatos. Él lo hacía de una forma muy respetuosa, casi de manera amable. No solía bombardear ni era intencionadamente sarcástico, como algunos de sus colegas, el juez Scalia en particular. En cambio, él siempre comenzaba diciendo algo como: «Abogado, siento interrumpir, pero me pregunto si podría pedirle que aclarase un punto».

Casi sin excepción, la pregunta que seguía golpeaba en la parte más débil del caso del abogado. Al requerir al abogado que frenara su alegato y explicara el punto clave, y podía ser un hecho o un punto de la ley, el juez Stevens por lo general dejaba claro que había un problema con el alegato del abogado, a menudo un problema considerablemente grande. Más que ningún otro de sus colegas, el juez Stevens solía abrir el caso haciendo a los abogados *la* pregunta en el centro de su caso, una que ellos tenían que responder con éxito si querían prevalecer. Si eran incapaces de responder a la pregunta, el juez Stevens podía entonces explicar a través de las preguntas posteriores y en sus opiniones por qué la parte de los abogados podía perder el caso. Al pedir primero la aclaración, el juez Stevens se situaba él mismo en una posición donde era fuerte defensor del resultado que él pensaba que se demandaba en un caso.

El método de preguntas del juez Stevens ilustra un punto imperecedero: en casi todas las ocasiones es mejor hacer preguntas de aclaración primero y argumentar después. Antes de defender una posición, asegúrate de preguntar «Espera, ¿qué dices?». La indagación, en otras palabras, siempre debería preceder a la defensa.

Por supuesto, decirlo es más fácil que hacerlo, un hecho que quedó claro tanto para mí como para otros que tuvieron la buena fortuna de participar en una clase magistral impartida el año pasado por Rakesh Khurana; Rakesh es profesor en la Escuela de Negocios de Harvard y trabaja actualmente como decano de la Universidad de Harvard. Para destacar la buena enseñanza en la universidad, mis colegas y yo cada año invitamos a profesores talentosos de todo Harvard para ofrecer varias clases magistrales en la Escuela Superior de Educación. Estos profesores enseñan una clase, después explican lo que estaban intentando conseguir y por qué. La clase de Rakesh destacaba su brillo en la enseñanza mediante el método de los casos, que es la forma en que normalmente se imparten las clases en la escuela de negocios.

Para su clase magistral, Rakesh nos presentó un caso a todos nosotros, basado en una historia real, que giraba en torno a Jenny, Lee y Piet. Jenny era una joven asociada en una pequeña agencia de relaciones públicas, y estaba intentando cerrar un trato con un posible cliente, un hombre holandés llamado Piet. Jenny invitó a Lee, su mentor y dueño de la agencia, a un importante almuerzo con Piet. Lee aún no había conocido a Piet. En el almuerzo, Piet mencionó varias veces lo maravilloso que era trabajar con Jenny, a quien repetidas veces describió como una joven especialmente atractiva. Lee ignoró esos comentarios, al igual que Jenny, y ambos intentaron mantener la conversación enfocada en el negocio. Piet preguntó si Jenny estaría trabajando en el proyecto personalmente, y Lee dijo que lo estaría, junto a otros compañeros de la agencia. Al término del almuerzo, Piet le hizo un gesto a Jenny y le dijo a Lee que había disfrutado el almuerzo, que siempre le encantaba poder comer con una chica bonita.

La subsiguiente discusión en la clase magistral giró primero en torno al dilema de Jenny y de cómo debía haberlo resuelto. ¿Debería haber señalado que los comentarios de Piet eran sexistas, lo cual podría significar la pérdida del cliente? ¿O debería haber permanecido callada para asegurar el negocio? La discusión también se enfocó en gran medida en Lee y el papel que debería haber desempeñado. Imagino que la audiencia, al igual que tú en este momento, tenía mucho que decir acerca de Lee, y no muchas cosas positivas. Muchos argumentaban que «él» debía haber dado la cara por su joven protegida, Jenny, y no haberla dejado colgada.

En este punto, Rakesh dijo, simulando que había olvidado ese detalle: «Oh, ¡lo siento! Olvidé decirles que Lee es una mujer». Hizo una pausa mientras ese importante hecho, que nadie había pedido que aclarase, hacía mella. La audiencia, yo incluido, de inmediato entendimos y dijimos: «Espera, ¿qué dices?». Después nos reímos con vergüenza al darnos cuenta de que habíamos estado haciendo todo tipo de argumentos con respecto a la conducta de Lee en base a nuestra suposición de que era un hombre, aunque el caso que habíamos leído nunca especificaba el género de Lee.

Y ese era básicamente el punto de Rakesh. Nosotros supusimos que teníamos razones para condenar a Lee. Rakesh, sin embargo, nos enseñó a no estar tan seguros, y demostró la tendencia que tenemos a argumentar y hacer juicios en base a falsas suposiciones. Quizá podríamos seguir criticando la conducta de Lee, pero obviamente es mejor hacerlo una vez que tengamos todos los datos. Es un punto que no olvidaré en mucho tiempo, y uno que creo que vale la pena recordar.

Vale la pena recordarlo, especialmente en situaciones difíciles, ya sea en casa o en el trabajo. Cuando nos encontramos ante conversaciones difíciles o situaciones con gran carga emocional, es siempre un desafío hacer una pausa para preguntar si tenemos todos los datos necesarios para sacar conclusiones justas. Es fácil, demasiado fácil, simplemente reaccionar, a menudo apasionadamente y con mucha frecuencia en base a suposiciones en vez de a hechos. Recordarnos a nosotros mismos preguntar «Espera, ¿qué dices?» es una manera de no precipitarnos a saltar demasiado rápido a las conclusiones.

Preguntar «Espera, ¿qué dices?» no solo ayuda a aclarar nuestros propios pensamientos, sino que también ayuda a otros a hacer lo mismo. Por esta razón, he descubierto que es útil como padre darle la vuelta al asunto con mis hijos y hacerles la pregunta «Espera, ¿qué dices?». Para los padres y madres que están leyendo este libro, saben que sus hijos a veces pueden entrar en lo que podríamos llamar caritativamente un razonamiento incorrecto. Quizá subestiman los riesgos o el costo que conlleva una aventura con amigos sin supervisión. Puede que subestimen la cantidad de tiempo que necesitarán para terminar una tarea. En algo más serio, podrían, debido a la inseguridad, emitir un mal juicio sobre su propio lugar en el mundo y no ver sus fortalezas o atractivos ante los demás.

Los adultos tendemos a cometer los mismos errores. Quienes no tienen mucha confianza, por ejemplo, por rutina hacen todo tipo de suposiciones falsas y malas deducciones, asumiendo que les falta la aptitud, el carisma o el talento necesario para tener éxito en sus carreras o relaciones. Cuando tus hijos, amigos u otros familiares se subestimen, preguntarles alguna versión del «Espera, ¿qué dices?» puede ser útil para revelar esas suposiciones y deducciones incorrectas, lo cual puede convertirse después en el enfoque principal de la conversación. Sin duda, después puedes seguir con una versión de la segunda pregunta esencial: «Me pregunto por qué crees eso de ti», para animar a tus amigos o familiares a reevaluar su pensamiento. Estas conversaciones no siempre son fáciles, pero resultan tan esenciales como las preguntas que las fomentan.

Una rápida nota, finalmente, sobre ser un buen oidor. Es útil como oidor buscar otras versiones de la pregunta «Espera, ¿qué dices?». Algunas cosas que digamos inevitablemente provocarán oposición o desafío por parte de nuestros amigos, familiares o colegas. Es fácil, cuando se está al otro lado de estos desafíos, comenzar de inmediato a argumentar, intentando defender nuestra posición; pero deberíamos intentar recordar que la persona que plantea el reto o que está expresando oposición simplemente podría necesitar más explicaciones, o quizá solo necesite entender mejor los motivos que hay detrás de lo que estamos diciendo.

Abordar preguntas de esta forma es esencialmente el otro lado de hacer preguntas de otros antes de comenzar un debate con ellos. La clave es no permitir que te sientas atraído hacia argumentos posiblemente innecesarios antes de haber explicado del todo tus propias ideas. Así que la próxima vez que alguien diga como respuesta a una sugerencia o propuesta: «Eso es ridículo» o «Esa idea es una estupidez», recuérdate a ti mismo que quizá simplemente estén preguntando: «Espera, ¿qué dices?». Puede que estén pidiéndonos una explicación más profunda, o puede que aun así no estén de acuerdo con nosotros, pero después de oír completamente la explicación, no es probable que piensen que la idea es ridícula o estúpida.

En pocas palabras, «Espera, ¿qué dices?» es una pregunta esencial porque está en el centro del entendimiento, lo cual a su vez es crucial para tener una vida satisfactoria y gratificante, tanto profesionalmente como desde el punto de vista personal. El mundo será un lugar más abundante para ti cuanto más entiendas a la gente y las ideas que se encuentra en él. Cultivar el hábito de entender primero y hacer juicios después, también te ayudará a evitar conflictos sin sentido y a crear conexiones más profundas con las personas que te rodean. Ese no es un mal resultado para una pregunta aparentemente sencilla.

## Capítulo dos

# Me pregunto...

La sabiduría convencional sugiere que la curiosidad puede ser peligrosa, especialmente para los gatos; pero en mi propia experiencia sucede lo contrario.

Poco después de casarnos, Katie y yo vivimos por un corto periodo en Holanda, que es conocida por estar llena de canales. Me gusta correr, y una mañana corrí por un campo de hierba en un parque a unos kilómetros de nuestro apartamento. Observé que la hierba que tenía por delante poseía un tono verde lima, mientras que la hierba por la que corría en ese momento era de color verde oscuro. En vez de pensar: «Me pregunto por qué la hierba cambia de color más adelante», seguí corriendo.

Justamente al pasar al lado de un canal fue cuando me di cuenta de que la «hierba» de color verde lima realmente eran algas; pero en ese momento ya era demasiado tarde. Lo siguiente que supe fue que estaba metido en un canal hasta la cintura, cubierto de baba verde, comprobando si tenía lesiones y mirando alrededor para ver si alguien me había visto. Salí del canal, sin lesión alguna salvo en mi orgullo, ya que varios testigos profirieron algunas palabras en holandés, lo cual rudamente se traduciría algo así como: «Qué gracioso. ¡Te has metido en el canal!». Después tuve que correr varios kilómetros para llegar a casa, todo el tramo pareciéndome a Sigmund, el monstruo marino, la estrella de un gran programa de televisión de los sábados por la mañana de los años setenta.

Lo cual me conduce a la segunda pregunta esencial: «Me pregunto...». Antes de que objetes, reconozco que no es, técnicamente, una pregunta completa. Más bien es la primera mitad de una serie de preguntas. «Me pregunto...» se puede completar, como mínimo, tanto con «por qué» como con «si». Este capítulo habla de estas dos variaciones de un solo tema, es decir: «Me pregunto por qué» y «Me pregunto si».

Pensar «Me pregunto por qué» nos permite seguir sintiendo curiosidad por el mundo, lo cual me habría venido muy bien en mi carrera en Holanda. Pensar «Me pregunto si» nos permite seguir involucrados en el mundo y es una manera de animarnos a nosotros mismos a intentar algo nuevo. Es también la manera de comenzar a pensar en cómo podríamos mejorar el mundo, o al menos nuestra parcela en el mundo. Aunque distintas, estas preguntas también están relacionadas. Es difícil pensar «Me pregunto por qué», por ejemplo, sin también finalmente preguntarse «Me pregunto si». Si todo esto te parece un poco misterioso, mantén la atención.

Albert Einstein, en un clásico alardeo de humildad, una vez destacó: «No tengo ningún talento especial. Solo soy apasionadamente curioso». La primera mitad de esa frase seguro que era falsa, mientras que la segunda mitad era indudablemente cierta. Einstein era apasionadamente curioso acerca del mundo que le rodeaba, tanto el visible como el invisible. «Lo importante», observó, «es no dejar de preguntar. No perder nunca la santa curiosidad».

La curiosidad comienza al pensar «Me pregunto por qué». Cuando los niños se encuentran por primera vez con el mundo, esta es la primera pregunta en su mente. «¿Por qué?» es su pregunta favorita y compone una parte exorbitante de sus conversaciones diarias. Por alguna razón, he observado que la mayoría de la gente tiende a ser cada vez menos curiosa con respecto al mundo a medida que envejece. Podría ser que sus padres o sus maestros no les animaron lo suficiente a ser curiosos, cansados quizá de tanto preguntar «por qué». La logística de la vida también puede matar la curiosidad, ya que a veces tan solo superar un día más puede presentar su propio reto para los adultos. Al margen de cuál sea la razón, es excepcional el adulto que ha mantenido la curiosidad innata de un niño por el mundo que le rodea.

Si te comprometes a pensar «Me pregunto por qué», puedes estar orgulloso de ti mismo por seguir sintiendo curiosidad. Aunque otros estén cansados de escucharlo o no puedan responder a la pregunta, nunca deberías dejar de hacerte esa pregunta a ti mismo. No me refiero a que debas dejar tu trabajo o pasar todo el tiempo soñando despierto. Solo estoy sugiriendo que dediques tiempo a mirar a tu alrededor, ya sea a la gente que tienes cerca o a tu entorno físico, y te acuerdes de pensar: «Me pregunto por qué».

Esta sola pregunta es la clave que puede revelar una mina de historias y resolver una legión de misterios, grandes y pequeños. Esta es la pregunta que provoca descubrimientos y conduce a ideas impactantes. Es la pregunta que los científicos, desde Marie Curie a Stephen Hawking, se han hecho sobre el mundo que les rodea. Es la pregunta que los grandes artistas y escritores han hecho durante siglos. Para los científicos y artistas, por no hablar de grandes maestros y empresarios, el mundo está lleno de jeroglíficos que esperan a que alguien los resuelva.

No es necesario ser un científico o un artista de talla mundial para apreciar que el mundo contiene misterios y jeroglíficos, o incluso para poder resolver algunos de ellos. Solo hay que mirar alrededor y hacer preguntas. Con demasiada frecuencia vemos el mundo como algo estático, y no apreciamos que lo que vemos delante de nosotros es el producto del pasado, de fuerzas que ya no son visibles. A nuestro alrededor hay mensajes y pistas que están esperando que alguien los descubra e interprete.

Pongamos algo tan simple como un muro de piedras que delimita un campo. Si has viajado por zonas rurales, especialmente en Nueva Inglaterra, sin duda habrás visto algún muro de piedras. Algunos marcan la linde del terreno donde vivo en Massachusetts; algunos atraviesan los bosques que hay detrás de mi casa. Esos marcadores silenciosos están tan extendidos que es fácil que pasen inadvertidos. Sin duda, yo pensaba poco en ellos hasta que mi hija Phebe, que tenía ocho años por ese entonces, me preguntó por qué había tantos muros de piedra por donde nosotros vivíamos.

Después de decir «No tengo ni idea», decidí investigar un poco. Los muros, resultó ser, son más interesantes de lo que podrían parecer. Las piedras salieron a la superficie hace miles de años cuando los glaciares revolvieron trozos de granito y caliza. (De acuerdo, esa parte es bastante aburrida, pero ahora mejora). En los periodos colonial y revolucionario, los agricultores se toparon con esas rocas cuando limpiaban sus campos. Al principio apilaban las piedras al azar, pero después las usaron para construir muros con el objetivo de establecer sus linderos de propiedad. Cuando las familias del noreste apartaron su atención de la agricultura para fijarse en la industria, los muros se ignoraron. Muchos se descuidaron durante la Revolución Industrial. Solo después, a mediados del siglo veinte, se redescubrieron los muros y se celebraron correctamente, tanto por su relación con nuestra historia más antigua como nación y debido a la idea, el cuidado y trabajo que se dedicó al construirlos.

Al ver esos muros, al verlos de verdad, tienes que pensar, como hizo Phebe: me pregunto por qué hay tantos muros de piedra. Eso inevitablemente conduce a otras preguntas: me pregunto qué antigüedad tienen. Me pregunto por qué (y cómo) se construyeron. Me pregunto por qué algunos están por todo el bosque, por qué algunos están derruidos, por qué algunos están impolutos. Una vez que comienzas a plantear y a responder estas preguntas, lo que antes era algo trivial se convierte en algo misterioso y después fascinante.

Mi propia indagación me condujo finalmente a Henry David Thoreau, quien se maravilló de los muros de piedra cerca de Walden Pond en Concord, lugar que no está lejos de mi casa. Escribiendo en su diario en 1850, Thoreau observó: «Nunca estamos preparados para creer que nuestros ancestros levantaron piedras grandes o construyeron gruesos muros. ¿Cómo es posible que su trabajo sea tan visible y permanente, y ellos mismos sean tan efímeros? Cuando veo una piedra, para la que quizá fueron necesarias varias yuntas de bueyes para moverla, puesta en un muro... me sorprendo curiosamente, porque me sugiere una energía y fuerza de las que no tenemos homenajes». Lo que comenzó, en su mayor parte, siendo muros invisibles, se convirtió en una lección de historia local y un conjunto de preguntas existenciales de Thoreau, lo cual nos hizo a Phebe y a mí sentirnos más conectados con el mundo que nos rodea, y comenzó al pensar «Me pregunto por qué».

Un muro en un campo es tan solo un ejemplo sencillo, pero en cada lugar donde mires, si realmente te tomas el tiempo para mirar, hay historias. Calles, edificios, estrellas, árboles, trenes, barcos, animales, todas estas cosas tienen un pasado y una historia que contar. Eso es especialmente cierto de las personas que te rodean, ya sea que estén sentadas a tu lado en una sala de lectura o en el cubículo contiguo. Todos tienen una historia única. Para escuchar esas historias y entender el mundo que te rodea, desde las creencias y los valores de una comunidad hasta las experiencias de las gentes que hay en ellas, simplemente tienes que dedicar tiempo a observar y pensar: «Me pregunto por qué».

Aprender estas historias inevitablemente enriquecerá tu vida, e incluso podría añadirle años. Resulta que la curiosidad conduce a la salud y la felicidad, como muchos científicos sociales han documentado. No es sorprendente que las personas curiosas tiendan a aprender más y a retener más de lo que aprenden; las personas curiosas tienden a ser más atractivas para otros, ya que la gente se siente atraída hacia quienes parecen interesarse por ellos. La curiosidad también conduce a la empatía, una emoción que parece escasear actualmente. Las personas curiosas tienden a estar más sanas, y a experimentar menos ansiedad en particular, porque ven las nuevas situaciones como una oportunidad de aprender en vez de para darse cuenta de que no saben lo suficiente. Las personas curiosas, según algunos estudios, también tienen tendencia a vivir más, presumiblemente porque están más involucradas en el mundo que les rodea.

Así como pensar «Me pregunto por qué» te mantendrá curioso con respecto al mundo, pensar «Me pregunto si» te mantendrá involucrado en el mundo. Casi cada aventura en la que he estado, y casi cada cosa nueva que he intentado, comenzó con la idea: «Me pregunto si yo podría hacer eso». Las respuestas no han sido uniformes.

Me preguntaba si podría hacer remo en la universidad (no; era demasiado bajito, como recordarás);

me preguntaba si podría formar parte de un grupo de canto a capela (no, porque resulta que uno tenía que saber cantar); me preguntaba si podría jugar al *rugby* (sí, ya que la altura y la habilidad para cantar no importan mucho); me preguntaba si podría sostenerme durante seis meses después de la universidad, en Australia, trabajando como basurero (realmente no; una vez me encontré un gato muerto en un cubo de basura, y desistí); me preguntaba si podría hacer *puenting* (sí, pero nunca más); me preguntaba si podría aprender a jugar al *hockey* sobre hielo de adulto (no muy bien, según mis hijos y mis compañeros de equipo); me preguntaba si podría aprender malabarismo (sí, porque de hecho no es tan difícil); me preguntaba, hace cinco años, si podría aprender a hacer surf (un poco, es la respuesta que mis hijos dan); y me preguntaba si podría aprender a tocar el piano (no, a menos que valga *Mary Had a Little Lamb*; no cuenta si le preguntas a Katie). Como sugiere esta lista, no todas las cosas nuevas que intentes tendrán éxito, que es lo que esperarías; pero si nunca dejas de pensar «Me pregunto si yo podría hacer eso», estarás abocado a encontrar cosas que te encantará hacer.

Aunque la pregunta «Me pregunto si» es una interrogante que vale la pena hacer en sí misma, también está muy ligada a la pregunta «Me pregunto por qué». Una vez que empieces a preguntar «Me pregunto por qué», y especialmente si recibes una respuesta que no te satisface, inevitablemente pensarás: «Me pregunto si las cosas podrían ser diferentes». Dicho de otra forma, preguntar «Me pregunto por qué» con respecto al presente, naturalmente suscita la pregunta «Me pregunto si» con respecto al futuro.

Tomemos un problema social como la segregación en la escuela, un tema que estudié como profesor de derecho. Desde una perspectiva, la segregación en la escuela puede parecer algo del pasado. Si definimos la segregación en la escuela como un sistema en el que los estudiantes son obligados por ley a asistir a una escuela u otra en base a la raza, ese sistema está muerto. Fue declarado anticonstitucional en *Brown v. Board of Education*, decidido en 1954. Sin embargo, la segregación legalmente exigida es solo una forma de segregación en la escuela. Hay otra forma, a veces llamada segregación de facto, el término legal para segregación «de hecho», que significa una segregación que no surge debido a leyes que lo exigen, sino que, en cambio, está causada por un abanico de factores diversos. Este tipo de segregación continúa existiendo.

Sin duda, durante los últimos veinte años aproximadamente, la segregación de hecho ha seguido aumentando. Nuestras escuelas cada vez se segregan más por la raza y el estatus socioeconómico, no menos. La pregunta obvia es ¿por qué? Por fortuna, varios abogados muy destacados y eruditos han estado haciendo esta pregunta, y las respuestas que han descubierto son bastante claras. Los decretos de integración social, que siempre tuvieron la intención de ser temporales, están siendo levantados por los tribunales, con lo que los programas para integrar escuelas se están desmantelando; los vecindarios siguen segregados, así que las escuelas del vecindario siguen segregadas; y las escuelas concertadas tienden a enfocarse en servir a estudiantes pobres de color, y no a crear escuelas integradas.

Una vez que estos abogados comenzaron a plantear y a dar respuesta a la pregunta «Me pregunto por qué», inevitablemente comenzaron a preguntarse «Me pregunto si». Me pregunto si podríamos crear vecindarios más integrados. Me pregunto si podríamos ofrecer a los estudiantes opciones para asistir a las escuelas fuera de sus vecindarios segregados. Me pregunto si al menos algunas escuelas concertadas podrían enfocarse en la diversidad como parte de su misión. Y por medio de esas preguntas, estos aboga-dos han conseguido renovar la atención en cuanto a la segregación, tanto que captaron la imaginación del Secretario de Educación de Estados Unidos, John King, quien hizo que la integración y la diversidad fueran una parte vital de su agenda.

Esto no significa, por supuesto, que el cambio vaya a ser automático. Hay un largo camino que re-correr antes de que las escuelas integradas se conviertan en la norma en lugar de la excepción; pero sin estos individuos pensando «Me pregunto por qué» y «Me pregunto si» y negándose a aceptar el *statu quo* como algo inevitable, es improbable que el Se-cretario King hubiera hecho de la integración en la escuela una prioridad para el gobierno federal.

La lección que extraigo de este ejemplo, así como de otros, es que vale la pena cuestionar incluso los hechos más tercos de la vida que nos rodean. A veces, las injusticias y desigualdades más graves pare-cen tan intratables, que preguntar por qué persisten parece no tener sentido. Algunos se sienten así, por ejemplo, con respecto a la segregación escolar. Pero la mayor parte de lo que vemos a nuestro alrededor no es inmune al cambio o la mejora. Y el primer paso hacia alterar lo que vemos es pensar: «Me pregunto por qué» y después dar seguimiento a esa pregunta con otra pregunta: «Me pregunto si».

Es útil hacernos estas dos preguntas relacionadas tanto para la vida personal como para la vida profesional. Lo sé por una experiencia en particular, la cual puede servir de historia de advertencia y de confirmación con respecto a la importancia de pensar «Me pregunto...».

Conocí por primera vez a mi madre biológica en un área de descanso en el Garden State Parkway en Nueva Jersey. Yo tenía cuarenta y seis años en ese entonces. Siempre supe que fui adoptado. No puedo recordar cuándo me enteré de ese hecho, así como no puedo recordar cuándo supe que mi nombre es Jim, o Jimbo, como me llamaban de pequeño. No recuerdo sentirme nunca resentido hacia mi madre biológica, ni abandonado, en parte porque mis padres me hicieron sentir que el hecho de ser adoptado era algo especial.

Tampoco me dolió tener una infancia feliz. Mis padres no eran perfectos, pero se acercaban bastante, o al menos eso me parecía a mí. No teníamos mucho dinero, pero yo disponía de todo lo que necesitaba para tener una buena infancia: una bicicleta, un guante de béisbol, botas de fútbol, zapatillas, amigos en el barrio, una semana al año en la playa de Jersey, un padre y una madre cuyas vidas giraban en torno a su familia, y una hermana que me soportaba la mayor parte del tiempo.

Quizá debido a todo eso, nunca sentí demasiada curiosidad por mis padres biológicos. Fui adoptado mediante una agencia de adopción católica en un proceso completamente cerrado. Lo poco que sabía era por una historia que mi madre contaba a veces sobre cómo ella y mi papá recibieron una llamada un día diciendo que había un bebé «preparado» para ellos, y que debían acudir al hospital en Elizabeth, Nueva Jersey, en dos días. Cuando una monja me llevó a la sala donde esperaban mis padres, llevaba puesto un suéter de lana hecho a mano y un collar con un medallón de San Cristóbal, el santo patrón de los viajeros. Mi madre le preguntó a la monja de dónde venían el suéter y el medallón, y la monja comenzó a llorar, como hacía mi madre en ese punto de la historia, y dijo: «No se lo puedo decir. Solo puedo decir que son de alguien que le ama mucho».

Quizá has pensado que esta historia suscitaría mi curiosidad, pero no lo hizo. En general, reforzó un vago sentimiento de gratitud. Suponía que debió de haber sido difícil dar un niño en adopción, y estaba agradecido por el sacrificio. Pero no estaba tan interesado en saber más sobre mis padres biológicos porque ya tenía lo que me parecía una familia completa.

También creía que conocía la historia. Imaginaba que mis padres biológicos eran adolescentes, quizá enamorados en la secundaria, que decidieron que eran demasiado jóvenes para criar a un hijo. Así que imaginaba que mi madre biológica me dio a luz, me dio en adopción, y después siguió con su vida. Esta es una historia clásica detrás de las adopciones, y tan solo supuse que yo encajaba en el molde. Así que nunca pensé mucho «Me pregunto por qué» fui adoptado, ni tampoco «Me pregunto si» podría encontrar a mis padres biológicos, aunque mis padres (adoptivos) siempre dijeron que intentarían ayudarme si alguna vez estaba interesado en encontrar a mi familia de nacimiento.[1]

Avanzamos en el tiempo hasta 2012. En este punto, mis padres han muerto, ambos demasiado jóvenes en edad. Katie y yo teníamos nuestra propia

_____

1 Disculpas por esta nota al pie, pero solo para evitar confusiones, debería aclarar que si me refiero a mis padres o a mi madre o padre sin ningún calificativo, me estoy refiriendo a mis padres adoptivos. Usaré el calificativo «adoptivo» solo cuando no esté claro en la frase o el párrafo a quién me estoy refiriendo.

familia. Con el nacimiento de cada uno de nuestros cuatro hijos fui sintiendo más curiosidad acerca de mis padres biológicos, ya que ninguno de mis hijos se parecía mucho a Katie ni a mí. Me preguntaba si quizá eran la viva imagen de algún pariente de sangre desconocido. Pero, en el caos de una casa llena, esos pensamientos eran fugaces.

Entonces un día, hace varios años, salí a correr con un buen amigo que nació en Corea, pero su padre lo abandonó junto a su madre y un hermano cuando tenía siete años. Él estaba intentando encontrar a su padre, y me sugirió que intentara buscar a mis padres biológicos. Le expliqué mi falta de interés, pero él insistió. Para complacerle, acordé echar un vistazo.

Cuando regresé a casa tras la carrera, entré en línea, y en el plazo de una hora descubrí que las agencias de adopción en Nueva Jersey dan «información anónima» sobre las adopciones, lo cual significa que compartirán todo lo que saben excepto los apellidos. Investigué la rama de Nueva Jersey que gestionó mi adopción, les mandé un correo electrónico para confirmar que esa era su política y que aún tenían mi archivo. «Sí, lo tenemos aquí en nuestros ficheros», fue la respuesta. *Quién se iba a imaginar que era así de fácil*, pensé yo, mientras enviaba un cheque para conseguir mi informe.

Dos meses después llegó una carta de tres hojas a mi correo, detallando mi historial familiar y las circunstancias de mi adopción, lo cual había sido seleccionado de mis informes de su archivo. La historia no fue para nada como yo esperaba. La carta daba los nombres de mis padres biológicos, un historial familiar de sus padres y hermanos, y una interpretación detallada de las circunstancias que llevaron a mi adopción. La carta parecía ser la trama de una novela sobre inmigrantes irlandeses, enmarcada en el siglo diecinueve.

Mi madre biológica, a quien llamaré Geraldine, nació y creció en Irlanda. Cuando fue adulta, siguió a su hermano hasta Estados Unidos, donde encontró trabajo con una familia rica en la ciudad de Nueva York. Conoció a un camarero irlandés y se enamoró de él (lo cual explica muchas cosas, diría Katie después). Cuando Geraldine le dijo a mi padre biológico que estaba embarazada, él confesó que estaba casado y tenía tres hijos. Como era católico, le dijo que no podía considerar el divorcio. (Aparentemente sí podía considerar el adulterio. Solo lo digo). Geraldine se apartó totalmente de él y viajó cruzando el río hasta Elizabeth, Nueva Jersey, hasta un hogar para solteras embarazadas.

Geraldine pasó sus días tejiendo (¡el suéter!) y hablando con las monjas sobre cómo iba a poder quedarse conmigo. «Ella lloraba cada vez que salía el tema de la adopción», decía la carta. Pero finalmente llegó a la conclusión de que no podía permitirse criar a un hijo ella sola, y también pensó que necesitaba un padre. Se quedó conmigo nueve días en el hospital, justo hasta el día de mi adopción. La última frase de la carta decía: «Salió del hospital con el corazón roto».

Me quedé impactado. Esa carta respondía preguntas que nunca se me hubiera ocurrido hacer, como: ¿tuve algún nombre durante esos nueve días de mi vida? (Resulta que sí; me llamaba Michael Joseph, como mi abuelo materno). Le entregué la carta a Katie, quien empezó a llorar al leerla. Me miró después de leer las últimas líneas y dijo: «Tienes que encontrar a Geraldine. Tienes que decirle que todo salió bien».

Dos días después, recibí una llamada de la mujer de la agencia de adopción, la llamaré Barb. Barb había hecho la carta basándose en la información de mi archivo. «Jim», dijo ella con un acento de

Nueva Jersey perfecto, «llevo haciendo esto veinti-cinco años. Jim, tengo que decirle que nunca me he encontrado con una historia igual. Me llegó al cora-zón, Jim. ¿Oye lo que le estoy diciendo? Realmente me llegó al corazón». Ella siguió diciendo que no podía decirme que intentara encontrar a Geraldine, porque eso costaría más dinero. «Pero, Jim», dijo ella, «le apuesto a que se ha estado preguntando que habrá sido de usted, ¿cierto?».

Eso fue algo, me avergüenza reconocer, que tam-poco se me había ocurrido: que mi madre biológica pudiera estar preguntándose por mí.

Envié otro cheque y esperé. Barb y yo pensamos que mi madre biológica posiblemente habría regre-sado a Irlanda. También consideramos que podría estar muerta. Pasaron los meses, y no supe nada. Mientras tanto, me contactaron de repente para ser decano en la Escuela Superior de Educación de Har-vard. Ese proceso me mantuvo ocupado y culminó con una llamada a las cinco en punto una tarde de jueves en junio de 2013 de Drew Faust, la presidenta de la Universidad de Harvard. Me llamaba para ofre-cerme el trabajo.

Mi cabeza daba vueltas mientras contemplaba desarraigar a mi familia de Virginia y mudarnos a

Massachusetts. La situación casi explotó cuando a la mañana siguiente sonó el teléfono. Era Barb.

—Jim —dijo ella— Jim. ¿Está usted sentado?

—No —le dije.

—Siéntese —dijo ella—. La hemos encontrado.

Como había estado pensando en la conversación con la presidenta Faust la noche antes, por una décima de segundo pensé que Barb me iba a decir: «Jim, su madre es Drew Faust». Pero no fue eso lo que dijo. En cambio, describió cómo encontraron a Geraldine y cómo reaccionó ella a la noticia. Cuando Barb le contactó, y le dijo que un «familiar» estaba intentando encontrarla, Geraldine y su esposo condujeron hasta la oficina de la agencia de adopción en Elizabeth. Geraldine lloró cuando le dijeron que yo estaba buscándola, y le dijo a Barb que había estado rezando por mí cada día de mi vida.

—Y ¿sabe cuál era su oración? —me preguntó Barb—. Ella rezaba cada día pidiendo que los dos se pudieran encontrar en el cielo.

Resultó ser que Geraldine no había regresado a Irlanda. Conoció a un hombre maravilloso y se casó con él, lo llamaré Joe, tenía cuatro hijos más y se mudó a Nueva Jersey. ¡Ella y su familia vivían a quince minutos de donde yo crecí! Sus hijos fueron a escuelas católicas donde fueron amigos míos. Nuestros caminos probablemente se cruzaron en algún momento durante mi infancia.

Pocos días después, Geraldine y yo hablamos por teléfono. Primero hablé con su esposo, y antes de que pudiera decir una palabra, espeté algo como: «No estoy loco. No estoy buscando dinero. No estoy emocionalmente necesitado. Al menos no es algo constante. Solo quería decir gracias y que Geraldine supiera que todo terminó bien, y que estoy feliz». Pude oírle sonreír al otro lado del teléfono, y lo único que dijo fue que «ella había estado esperando mucho tiempo esto, Jim. Es la mujer más maravillosa que haya conocido nunca». Cuando Geraldine y yo finalmente hablamos, la conversación fue a la vez surrealista y totalmente natural. Aún tiene acento irlandés. Preguntó por Katie y nuestros hijos. Después preguntó por mí, tentativamente. Accedimos a hablar más y, finalmente, a vernos.

Por conveniencia, escogimos un área de descanso en el Garden State Parkway porque, bueno, ahí es donde la gente de Nueva Jersey queda para verse. Esa mañana, mi familia y yo salimos de nuestro hogar en Virginia por última vez, el único hogar que nuestros hijos habían conocido, de camino a nuestro nuevo hogar en Massachusetts. Nuestros hijos estaban consternados por la mudanza. Realmente no le habían prestado mucha atención al asunto de Geraldine, en parte porque estaban preocupados por la mudanza y en parte porque adoraban a mi madre, su abuela, que había fallecido unos años atrás. Pero cuando vieron a Geraldine, súbitamente comenzaron a alternar sus miradas entre ella y yo.

Geraldine apenas mide un metro y medio, es vivaz y se parece a mí con peluca. Nuestro parecido es inequívoco y asombroso. En un instante, mis hijos supieron que estaban implicados en toda esa experiencia, porque podían ver una parte de ellos mismos en la que, de no ser de esta manera, habría sido una total desconocida sentada en el restaurante de esa área, justo afuera del Dunkin' Donuts. Nos sentamos durante dos horas y estuvimos hablando, viendo fotografías y dándonos la mano. Al irnos, Geraldine les entregó a mis hijos unos sobres con sus nombres en ellos. Cada tarjeta que había dentro del sobre contenía un billete de veinte dólares, que Geraldine sugirió que lo gastaran en helados ese verano.

Finalmente conocí a mis cuatro hermanastros y hermanastras, uno de ellos podría ser mi gemelo, y hablé con Geraldine cada dos semanas más o menos.

Es una relación totalmente y sorprendentemente sencilla, y Geraldine no se avergüenza de sugerir que debería llamarla más a menudo. Es imposible que no caiga bien a la gente. Sonríe con facilidad, es amable y siempre atenta. Es familiar y cercana sin ser posesiva.

Si nunca me hubiera molestado en pensar «Me pregunto por qué fui adoptado», y después «Me pregunto si no podría encontrar a mi madre biológica», nunca habría conocido a Geraldine y su familia. Decir que mi vida es mejor porque hice esas preguntas se queda corto. Pensar que creía que ya conocía la historia de Geraldine fue, viéndolo en retrospectiva, algo ridículo. Entendí lo equivocado que estaba el día que Geraldine me presentó a sus otros hijos, los cuales tienen aproximadamente mi misma edad. Entramos en la casa de su hija, y Geraldine me tomó de la mano y no me soltó hasta que conocí a todos sus otros hijos. Después se giró, y amablemente sin preguntar ni dudarlo, me ajustó el cuello de la camisa. Y me di cuenta: aunque nunca fue mi «madre» en el sentido de que nadie podría desplazar jamás a mi madre adoptiva, para Geraldine yo siempre había sido y siempre sería su hijo.

Esta no es una historia acerca de cambiar el mundo, por supuesto, pero cambió *mi* mundo, de una manera importante y significativa. Y esto conduce al punto final acerca de pensar «Me pregunto por qué» y «Me pregunto si». Son preguntas que es útil hacer no solo sobre el mundo que te rodea, sino también hacértelas a ti mismo. No estoy intentando venderte un programa de autoayuda aquí o respaldar el ensimismamiento, pero creo que es saludable y productivo seguir manteniendo la curiosidad por uno mismo. ¿Por qué tienes ciertos hábitos? ¿Por qué te gustan ciertos lugares, comidas, eventos y gente? ¿Y si hubiera otras cosas que te gustarían igual si les dieras una oportunidad? ¿Por qué las nuevas experiencias te ponen nervioso? ¿Por qué te quedas callado en reuniones o eres tímido en las fiestas? ¿Por qué te distraes con facilidad? ¿Por qué a veces pierdes la paciencia con ciertos miembros de tu familia? ¿Y qué pasaría si intentaras cambiar esas cosas sobre ti mismo que realmente te gustaría cambiar? O igual de importante, ¿qué pasaría si aceptaras algunas de esas cosas como parte de quien eres?

En resumen, la pregunta «Me pregunto por qué» es esencial porque está en el corazón de la curiosidad, y hacernos esta pregunta es la forma de seguir estando interesados en el mundo que nos rodea, incluyendo el lugar que tú ocupas en él. Pensar

«Me pregunto si» es igualmente esencial, porque es la forma de seguir involucrado en el mundo y comenzar a pensar en maneras de mejorar tu parcela de terreno en dicho mundo. Si no te haces estas preguntas, te arriesgas a perderte las alegrías y posibilidades que ni siquiera sabes que existen y, como con Geraldine, a veces están más cerca de lo que jamás hubieras imaginado.

# Capítulo tres

# ¿No podríamos al menos...?

La tercera pregunta esencial tuvo como fruto mi cuarta hija (igualmente esencial): Phebe. Entiendo que podría resultar difícil de creer, pero es cierto.

Katie y yo planeábamos tener tres hijos, pero entonces Katie cambió de opinión. Después de tener nuestro tercer hijo, Ben, Katie comenzó a decir que nuestra familia parecía no estar completa. Cada vez que decía eso, durante el transcurso de un año, yo sinceramente pensaba que estaba bromeando. Para un observador neutral que viera a nuestros tres hijos, la idea de que nuestra familia pareciera incompleta no habría estado inmediatamente en su mente.

Un año después, tras seguir haciendo esa misma observación, finalmente me di cuenta de que no estaba bromeando. Le pregunté si era porque solo teníamos hijos varones y ella quería una niña. Yo sabía que ella esperaba usar el nombre de Phebe, una variación inusual de Phoebe que se remonta en la familia de Katie a un familiar que fue acusado y después absuelto durante los Juicios de Salem. Katie dijo que no era por eso. Le daba lo mismo el género, y en parte ella pensaba que un niño sería mejor dado que ya teníamos toda la ropa y los artilugios de niño. Ella sentía que nuestra familia podía albergar a un integrante más.

Yo seguía pensando que estaba loca, en parte porque Ben fue nuestro hijo más fácil, y me parecía que podíamos detenernos ahí. Para provocar una verdadera conversación sobre el tema, me propuse esperar hasta que estuviéramos en un momento de caos total en nuestra casa, digamos, por ejemplo, un sábado por la mañana a las siete en punto cuando los tres niños estuvieran levantados, dos de ellos haciendo berrinche, y al tercero no le encontrásemos por ningún lado. Y después diría: «¿Sabes lo que realmente terminaría de decorar este cuadro? ¡Un bebé!».

Eso me dio otro año más de tiempo. Katie, sin embargo, se mantenía resuelta. Pero estábamos claramente atascados, ya que Katie lo tenía muy claro, y yo también. Y entonces ella hizo la pregunta perfecta: «¿No podríamos al menos hablar de ello, y hablar de lo que significaría para nuestra familia?». Así que lo hablamos, y después hablamos más. Y entonces, dos cortos años después, finalmente me dejé convencer. No mucho más de nueve meses después llegó Phebe. Katie tenía razón. No podría imaginarme ahora a nuestra familia sin Phebe. Sin duda, estaríamos incompletos sin ella.

Al igual que la segunda pregunta esencial, «¿No podríamos al menos...?» forma la esencia de una serie de preguntas en vez de ser una pregunta específica y completa. Al margen de la variedad de maneras en que se puede hacer esta pregunta, básicamente, preguntar «¿No podríamos al menos...?» es una buena manera de salir del atasco. Es un modo de ir más allá del desacuerdo para formar cierto consenso, como en el caso de: «¿No podríamos al menos ponernos de acuerdo?». Es también una forma de comenzar incluso cuando no estamos totalmente seguros de dónde terminaremos, como en: «¿No podríamos al menos empezar?». No importa su forma concreta, hacer preguntas que empiecen con «¿No podríamos al menos...?» es la manera de progresar.

Para empezar, preguntar «¿No podríamos al menos ponernos de acuerdo?» es una manera de encontrar un terreno común. La clave para mantener relaciones saludables y productivas es el consenso, ya sea en la política, en la empresa, en el matrimonio o en las amistades. Preguntar: «¿No podríamos al menos ponernos de acuerdo?» especialmente en medio de una discusión, es una buena manera de hacer una pausa, dar un pasito atrás y buscar algunas áreas de acuerdo. Tras dar un paso atrás y encontrar cierto consenso, podríamos tener lo necesario para dar dos pasos hacia delante, que es como suele producirse el progreso: un paso hacia atrás, dos pasos hacia delante.

Buscar un terreno común es especialmente importante en la actualidad. La explosión de información propulsada por el internet y las redes sociales debería en teoría ayudarnos a entrar en contacto y relacionarnos con ideas, hechos y creencias que desafían a las que tenemos, lo cual a su vez debería ayudarnos a moderar nuestra visión y hacernos mantener una mente abierta. En realidad, está ocurriendo lo contrario.

Los estudios sobre las redes sociales, Facebook en particular, muestran que estamos creando comunidades virtuales cerradas, donde los que piensan igual solo comparten información que confirma sus creencias. Los medios de comunicación tradicionales, mientras tanto, cada vez abastecen más a segmentos de la población. Los conservadores ven Fox News; los liberales ven MSNBC. Ambos grupos encuentran confirmación para sus propias creencias. Nuestros mundos virtuales se están segmentando tanto, que incluso podemos escoger entre varias retransmisiones del mismo evento deportivo, una que vaya a favor del equipo de casa o una que vaya con el equipo visitante. Cada vez más, podemos escoger ver solo lo que queremos ver.

Esto es algo desafortunado, y peligroso, debido a un fenómeno social que los científicos llaman «polarización de grupo». Cuando individuos que piensan igual se juntan, en línea o en la vida real, tienden a reforzar los puntos de vista mutuos. No solo aumentan la fuerza de las convicciones mutuas, sino que a menudo se inducen el uno al otro, intencionadamente o no, a adoptar una posición más extrema si cabe. Si no te gustan los Yankees de Nueva York, por ejemplo, y solo sales con personas que están igual de equivocadas, probablemente te convencerás más aún de que los Yankees son un equipo malo y moralmente corrupto. De hecho, es probable que des un paso más y empieces a creer que los Yankees son una maldición para la afición nacional. He visto suceder eso en Fenway Park, en Boston, y, como aficionado de los Yankees, puedo decir que no es algo bonito.

Preguntar «¿No podríamos al menos...?» es una forma de luchar contra la polarización y el extremismo, porque es una invitación a encontrar algunas áreas de consenso. Si podemos encontrar cierto terreno común con otros, especialmente con aquellos que tienen ideas distintas, es probable que veamos el mundo como un lugar con muchos más matices. Por lo menos, es menos probable que demonicemos a los que no están de acuerdo con nosotros. Volvamos a considerar a los Red Sox y los Yankees. Derek Jeter recientemente se retiró de los Yankees; era un jugador extraordinario y una persona admirable dentro y fuera del campo. David Ortiz se retiró de los Red Sox tras terminar la temporada de 2016. Big Papi, como le llaman, fue también un gran jugador y justamente querido. Para encontrar un terreno común entre los aficionados de los Yankees y los Red Sox, lo único que se necesita es hablar de Jeter y Big Papi, ya que los aficionados de ambos equipos admiran tanto a Jeter como a Big Papi. Cuando los dos son parte de la conversación, se rebaja la temperatura de cualquier desacuerdo.

La pregunta «¿No podríamos al menos estar de acuerdo?» funciona igualmente bien con las disputas sobre la Constitución o sobre el béisbol, como me mostró mi amigo y compañero de cuarto en la facultad de derecho, Doug Kendall. Durante décadas, liberales y conservadores han estado en desacuerdo sobre cómo interpretar la Constitución. Los conservadores argumentaban que los jueces deberían seguir la intención original de la Constitución; todo aquello que los legisladores pensaban que significaba la Constitución hace siglos es lo que debería regir actualmente. Como este enfoque parecía descartar la posibilidad de que la Constitución pudiera adaptarse a los tiempos, los liberales lo rechazaron, pidiendo una «Constitución viva» que los jueces pudieran actualizar para que encajase en los tiempos modernos. Los conservadores atacaron el enfoque de la Constitución viva diciendo que daba a los jueces demasiada discreción, mientras que los liberales atacaban el enfoque de la intención original diciendo que ponía a los jueces en una camisa de fuerza cosida hace siglos.

Doug veía las obvias debilidades en ambos enfoques; y también veía una apertura para avanzar su propio enfoque. Desafió el punto de vista liberal preguntando: «¿No podríamos al menos estar de acuerdo en que todos deberían interesarse por el significado real de las palabras en la Constitución?». Y desafió el enfoque conservador preguntando: «¿No podríamos al menos estar de acuerdo en que muchas de las provisiones importantes de la Constitución son abiertas y establecen principios generales en vez de reglas específicas y concretas? ¿Y no podríamos al menos estar de acuerdo en que la aplicación de esos principios generales podría cambiar con el tiempo como lo hacen las circunstancias, los hechos y los valores?». Si adoptamos el principio general de que solo comeremos alimentos saludables, por ejemplo, actuaríamos coherentemente con ese principio si cambiáramos lo que comemos según avanza el tiempo y a medida que la ciencia de la nutrición revelase que algunos alimentos que pensábamos que eran saludables no lo son, y viceversa. Doug argumentaba que la Constitución funcionaba del mismo modo, y que sin duda uno podía ser fiel a sus principios incluso si la aplicación de esos principios cambiara con el tiempo a la luz de nuevos datos.

Para avanzar esta idea de la Constitución, Doug creó el Constitutional Accountability Center (CAC), un grupo de interés público con base en Washington DC. CAC participó en casos, produjo informes sobre el significado original de provisiones clave de la Constitución, y participó en citaciones judiciales. En un periodo relativamente corto, Doug y sus colegas establecieron CAC como una de las principales voces en debates sobre la Constitución, y en el proceso ayudaron a cambiar la conversación sobre la Constitución. Los abogados y jueces liberales están mostrando mucho más interés en el significado original de la Constitución, y ahora están unidos en debates saludables con sus colegas conservadores sobre ese significado. En general, hay un mayor aprecio de que la Constitución, modificada durante dos siglos, es en sí misma un documento que ha evolucionado para establecer y consagrar principios de igualdad junto a los principios de libertad. Y durante el camino, Doug se ganó el respeto y la admiración tanto de abogados liberales como conservadores.

Sin lugar a dudas, el movimiento de Doug fue en parte estratégico. Él creía que si los liberales se enfrentasen a los conservadores con respecto al verdadero significado del lenguaje de la Constitución, a menudo prevalecerían. En este sentido, preguntar «¿No podríamos al menos estar de acuerdo?» fue a la vez un llamado a encontrar un terreno común y el primer paso de un intento por ganar una batalla más grande con respecto al significado de la Constitución. En un sentido, el enfoque de Doug fue similar al de Katie cuando me preguntó si no podríamos al menos hablar sobre lo que significaría tener un cuarto hijo. Tanto Doug como Katie creían que encontrar un terreno común era el primer paso hacia persuadir a otros de sus ideas. Y ambos fueron increíblemente eficaces al hacerlo.

Preguntar «¿No podríamos al menos estar de acuerdo?» no resolverá todas las disputas, por supuesto, pero puede al menos reducir su ámbito. Encontrar algún terreno común, en otras palabras, puede ayudar a aislar las verdaderas áreas de desacuerdo. Esto es especialmente útil a la hora de impedir que ideas contrarias sobre un asunto en particular malgasten tiempo cuestionando las motivaciones de sus oponentes, lo cual sucede con demasiada frecuencia en debates públicos. Los debates sobre educación, tristemente, son un excelente ejemplo.

Quizá pienses que quienes trabajan en la educación comienzan desde la premisa de que todos los que están en el gremio se interesan por el bienestar de los niños. Más bien, las partes enfrentadas en los debates sobre la educación están constantemente cuestionando los motivos de los otros. A quienes están a favor de las escuelas concertadas, por ejemplo, se les acusa por rutina de querer privatizar la educación pública y entregársela a multimillonarios fondos de cobertura. Quienes apoyan a los sindicatos de maestros, de igual forma se les difama por supuestamente preocuparse más por el bienestar de los maestros que el de los niños a los que enseñan.

Este enfoque tan común de los debates de educación es tanto venenoso como improductivo. Afirmar que quienes discrepan de nosotros deben de tener metas dudosas o inmorales es básicamente anunciar que no queda nada que discutir. Si en cambio fuera posible comenzar con una conversación honesta sobre los valores y las metas, y descubrir algunos acuerdos sobre esos valores y esas metas, los debates de educación podrían realmente ser edificantes. De nuevo, no estoy sugiriendo en modo alguno que solo preguntar «¿No podíamos al menos estar de acuerdo en que todos nos interesamos por el bienestar de los niños?» resolvería todas las diferencias entre los activistas de la educación, pero podría eliminar cierta acritud y llevarnos a tener debates y desacuerdos constructivos, en vez de destructivos.

Además de invitar a algunos acuerdos, preguntar «¿No podríamos al menos...?» es también una forma estupenda de avanzar, incluso cuando uno no tiene un plan totalmente desarrollado. Como reconoció la astuta filósofa Mary Poppins: «Bien empezar es medio acabar». (Fácil decirlo para ella, dado que podía mover objetos mágicamente sin tocarlos, pero aun así, es un buen consejo). Con mucha frecuencia, ya sea debido a la postergación, al temor o a un deseo de perfección, dudamos en comenzar un proyecto en casa o en el trabajo si no podemos ver precisamente cómo o cuándo terminará.

Sin embargo, a veces la decisión más importante que podemos tomar es la decisión de comenzar. Una de mis citas favoritas, a veces atribuida al escritor alemán Goethe, es esta: «Todo lo que puedas hacer o soñar, comiénzalo. La osadía lleva en sí genio, poder y magia». He visto la sabiduría de esta observación tanto en mi vida personal como profesional.

Katie y yo siempre habíamos querido vivir en el extranjero durante un año con nuestros hijos. Pensábamos que sería una gran experiencia para ellos, y creíamos que nos uniría más como familia. Pero la vida nos arrastró, sin embargo, hace varios años nos dimos cuenta de que necesitábamos hacerlo pronto o no lo haríamos nunca. Cuando Katie y yo también entendimos que no podíamos irnos durante todo un año, consideramos descartar la idea del todo, pero finalmente decidimos que nos iríamos «al menos» un semestre durante mi año sabático, y finalmente escogimos Nueva Zelanda. En cuanto nos comprometimos por completo a ir, comenzaron a suceder todo tipo de cosas. Recibí una cita como profesor visitante en la Universidad de Auckland. Encontramos una buena escuela pública para nuestros hijos, un lugar donde vivir y un auto para movernos. Aunque nuestra estancia en Nueva Zelanda fue más corta de lo que habíamos planeado en un principio, fueron los cinco meses más enriquecedores y satisfactorios de nuestra vida como familia. Todo porque nos preguntamos: «¿No podríamos al menos...?» en vez de descartar por completo la idea.

Hacer esa pregunta también ha sido una manera útil de ayudar a mis hijos a vencer el temor de intentar cosas nuevas. Esquiar es un ejemplo. Me encanta esquiar, y decidí desinteresadamente enseñar a mis hijos a esquiar con la esperanza de que se engancharan, y después tendría la excusa perfecta para hacer viajes a esquiar. Pero esquiar al principio es un poco apabullante. La combinación de una marcha extraña, el tamaño de las montañas y el clima gélido puede hacer que los nuevos esquiadores, de cualquier edad realmente, no se apasionen o se aventuren a hacerlo. Descubrí que si preguntaba «¿No podríamos al menos...?» al intentar animarles a hacer algo nuevo, solía funcionar; así que cuando tenían miedo del telesilla, decía: «¿No podríamos al menos subir a ver cómo es?». O cuando tenían miedo de bajar por ciertos caminos, decía: «¿No podríamos al menos esquiar hasta la cima del camino y echar un vistazo?».

Eso no siempre funcionaba, a decir verdad. «¿No podríamos al menos...?» es una pregunta esencial, no una pregunta milagro. Pero a menudo era justo la pregunta que mis hijos necesitaban oír para ayudarlos a dar el siguiente paso. A veces, solo ver de cerca lo que nos produce miedo, en vez de hacerlo simplemente en nuestra imaginación, nos puede ayudar a vencerlo. Preguntar: «¿No podríamos al menos echar un vistazo?» puede animarnos a nosotros mismos y a otros a hacerlo.

En el terreno profesional, como decano jamás he lamentado preguntar «¿No podríamos al menos empezar?» con respecto a algo, ya fuera un nuevo proyecto o una nueva iniciativa. He descubierto, coherente con la observación de Goethe, que cuando uno se compromete con algo, a menudo se termina movilizando una corriente de recursos, ideas y ayuda que nunca imaginó que llegaría.

Quizá el mejor ejemplo de esto sucedió hace dos años cuando mis colegas y yo en la Escuela Superior de Educación decidimos empezar una conversación en todo el campus sobre el tema de «cumplir la promesa de la diversidad». Comenzamos esta conversación por dos razones principales.

En primer lugar, no teníamos ningún curso común entre nuestros trece programas de máster, lo cual yo pensaba que no era bueno para una escuela profesional. Los estudiantes en programas separados nunca se juntaban para enfocarse juntos en alguna parte del conocimiento, un conjunto común de preguntas o algún grupo de habilidades específicas. Pero, como nuevo decano, eso no era algo que yo podía cambiar de la noche a la mañana. Sin embargo, parecía que *al menos* podíamos tener una conversación en todo el campus sobre un tema común, que contuviese clases, paneles, proyectos dirigidos por los estudiantes y talleres de los facultativos, todo ello enfocado en el tema de la diversidad.

En segundo lugar, escogimos la diversidad como tema porque el mundo de la educación, como el mundo en general, es cada vez más diverso, y pensamos que era importante preparar a todos nuestros estudiantes para trabajar productivamente y para ser líderes exitosos en el campo. La diversidad tiene el potencial de hacer que las instituciones y las organizaciones sean más fuertes, pero también tiene el potencial de crear divisiones. Esta conversación estaba dirigida a entender cómo asegurar que la diversidad sea una fuente de fortaleza en vez de una fuente de división. También nos ayudaría a todos a estar más cómodos teniendo conversaciones difíciles sobre raza, identidad e igualdad, conversaciones que insistimos en que son necesarias pero que con demasiada frecuencia se posponen para el futuro.

También me sentía motivado a entablar una conversación sobre ese tema en particular debido a una experiencia que tuve siendo estudiante de derecho en la Universidad de Virginia (UVA). Un buen amigo, Ted Small, que es también uno de mis héroes, observó que estudiantes de derecho blancos y de color en la UVA se autosegregaban y por lo general no se juntaban. Al ser él un estudiante de raza negra en Harvard, había lidiado con asuntos similares en la carrera, pero la situación en la UVA parecía incluso más grave. Sugirió que creáramos un grupo birracial de diez estudiantes de derecho que se reunieran una vez al mes a cenar para tratar temas relacionados con la raza.

Llamamos al grupo «Estudiantes Unidos para Promocionar la Conciencia Racial» o «SUPRA» (por sus siglas en inglés). *Supra* es un término legal del latín, así que la palabra era simpática para un fanático del derecho. Cuando Ted comenzó el grupo, no tenía ni idea de a dónde llevaría la conversación, pero pensó, y yo estuve de acuerdo, que era importante hacer algo. En un sentido muy real, estaba preguntando: «¿No podríamos al menos» reunir a diez estudiantes para que hablen sobre estos asuntos y quizá mostrar que los estudiantes de derecho blancos y negros pueden hablar juntos sobre temas difíciles y tal vez llegar a ser buenos amigos en el proceso? Cuando nos graduamos, nuestro grupo había compartido muchas cenas juntos y muchas conversaciones, algunas difíciles, algunas desafiantes, y otras graciosas y alegres. Aparecimos como amigos, y nuestro ejemplo ayudó a estimular la creación de otros doce grupos SUPRA entre nuestros colegas estudiantes de derecho. Aunque no lo aprecié del todo en ese entonces, participar en SUPRA fue una de las experiencias más formativas y significativas que jamás haya tenido. Hasta el día de hoy, continúo confiando en ello como una guía, incluyéndolo en nuestra conversación comunitaria en Harvard.

Nuestra conversación en la Escuela Superior de Educación produjo resultados mezclados. En el lado bueno, rápidamente quedó claro que había mucho interés en este tema entre los estudiantes, los profesores y la plantilla de personal. Por otro lado, también quedó claro durante el transcurso del año que no estábamos suficientemente organizados para cumplir con las demandas de este tema. Algunos estudiantes se quejaron con razón de que no estaban seguros de hacia dónde iba la conversación y que no había la estructura suficiente; también creían, de nuevo correctamente, que no estábamos haciendo lo suficiente.

Así que continuamos la conversación al año siguiente. Creamos una estructura mejor para la conversación; invitamos a más ponentes; asignamos una lectura común; y añadimos más de una decena de cursos sobre raza, diversidad e igualdad en nuestro currículo. Esta conversación también provocó un aumento en los esfuerzos de nuestros profesores y la plantilla de personal. Condujo a una atención reno-vada y un esfuerzo por parte de los profesores para crear experiencias de clase inclusivas y rigurosas; y nos permitió sintonizar con el talento y la experien-cia de nuestros estudiantes de doctorado, quienes di-rigieron seminarios y grupos de discusión, así como talleres para los profesores.

Después de dos años, lo que comenzó como una conversación poco organizada se había convertido en una parte importante de la identidad de la es-cuela, a lo largo de un rango de contextos, desde las aulas hasta la contratación de profesores y hasta el entorno de trabajo de la plantilla. La conversación no ha terminado, y todavía hay mucho trabajo que hacer; pero al comprometernos a comenzar esta con-versación, pusimos en marcha fuerzas que han posi-bilitado, creo yo, que nuestra escuela sea más fuerte y que nos ayudaron a preparar mejor a nuestros estu-diantes para ser líderes de escuelas y organizaciones diversas y equitativas.

Al destacar este ejemplo, no quiero sugerir que todo lo que hemos intentado conseguir en la Es-cuela Superior de Educación haya tenido éxito. Ni mucho menos. Pero incluso los esfuerzos que fraca-saron o fueron decepcionantes nos enseñaron algo.

Comenzar no garantiza el éxito, pero garantiza que no viviremos con el lamento de no haberlo intentado, que es el último punto de este capítulo.

Cuando preguntas «¿No podríamos al menos...?» estás sugiriendo en esencia que tú y otros intenten hacer algo, ya sea llegar a algún acuerdo o comenzar algo. Si no haces esta pregunta, es muy poco probable que lo intentes. Y no intentarlo, creo yo, es la fuente de muchos de nuestros mayores lamentos, sin duda, razón por la que hablé sobre el pecado de omisión en mi segundo discurso de graduación en Harvard. Creo que lo que no hacemos a menudo nos obsesiona aún más que lo que sí hacemos.

Ciertamente no soy el primero ni el único en reconocer esto. Bonnie Ware, una enfermera que cuidaba a pacientes moribundos, publicó un libro sobre los lamentos más comunes que expresaban sus pacientes. El lamento número uno era no perseguir su sueño; básicamente no intentarlo o comenzar.

Mi propia experiencia con esta particular fuente de lamento no está ligada a perseguir un sueño, sino más bien está relacionada con la muerte de mi madre. Mi madre se cayó y se rompió la cadera en agosto de 2009. Con setenta y un años, era relativamente joven pero ya había sufrido varias enfermedades que de alguna manera la habían dejado frágil y vulnerable. A través de un tortuoso periodo de cinco semanas tras su caída, sufrió una complicación tras otra. Algunas veces yo pensaba que no estaba recibiendo el cuidado que necesitaba; pero, por varias razones, no presioné a los médicos para que hicieran más, y tampoco busqué formas de llevarla a otro hospital o a un equipo de médicos distinto. Cinco semanas después de su caída, tuvo una serie de apoplejías y murió en el hospital mientras mi hermana y yo sosteníamos su mano.

Todos a mi alrededor me aseguraban que los médicos habían hecho todo lo que pudieron y que yo también lo había hecho, pero yo no sentía lo mismo. No culpé a los médicos, pero me culpé a mí mismo por no haber presionado o hecho más. Básicamente, me culpé por no preguntar nunca: «¿No pudimos al menos conseguir una segunda opinión?».

Quizá el resultado habría sido el mismo, pero es imposible saberlo, lo cual es una carga pesada de soportar. Ese es el problema de no intentarlo, que uno nunca sabe cuál podría haber sido el resultado. Incluso si crees que el resultado habría sido el mismo, supone un pequeño consuelo. Cuando se trata de ayudar a tus amigos y familiares, lo que uno más quiere es creer que hizo todo lo que pudo para ayudar.

Esta es una triste historia, lo entiendo, pero me ha ayudado a estar incluso más seguro de que el intento a menudo es más importante que el resultado. Confío, por mi propia experiencia, en que cada vez que intentes echar una mano, o arreglar un error, o decir algo, también tú te sentirás mejor con respecto al mundo y con respecto a ti mismo. Cuando actúas, quizá cometas un error; cuando hablas, puede que digas algo incorrecto; pero es mucho mejor fracasar habiéndose atrevido que haber sido un espectador, tomando una frase de Teddy Roosevelt. Si fracasas, con frecuencia lo peor que puede suceder es que tengas una historia divertida que contar. Nunca he escuchado una historia divertida sobre no atreverse a probar.

Porque ayuda a romper los bloqueos, ya sea creados por el desacuerdo, el temor, el aplazamiento o la apatía, o creados por obstáculos externos o internos, la pregunta «¿No podríamos al menos...?» desata el movimiento. Es la pregunta que también reconoce que los viajes a veces son largos e inciertos, que los problemas no se resolverán con una conversación, y que incluso los mejores esfuerzos no siempre funcionarán. Al mismo tiempo, sin embargo, es la pregunta que reconoce que hay que comenzar por algún lugar. Es la pregunta que nos anima a nosotros mismos y a otros a ir a la línea de salida. Es la pregunta, como dije al principio, que está en el corazón de todo progreso, y por esa razón, como Phebe y nuestra familia completa puede atestiguar, es absolutamente esencial hacerla.

# Capítulo cuatro

# ¿En qué puedo ayudar?

Por fortuna para todos nosotros, muchas personas están interesadas en ayudar a los demás; algunos dedican sus carreras y sus vidas a ello. No todos tienen esa inclinación, claro está, y la mayoría de la gente es egoísta, al menos parte del tiempo. Un biólogo o psicólogo evolucionista diría que *siempre* estamos interesados en nosotros mismos, y que nuestro esfuerzo por ayudar a otros es simplemente nuestro intento de sentirnos bien con nosotros mismos. Sin embargo, al margen de cuáles sean nuestras motivaciones, un número destacado de personas ayudamos a nuestros colegas, familiares, amigos, e incluso desconocidos.

Aunque sea admirable, hay un riesgo en ayudar a otros, lo cual está relacionado con la posibilidad de que ayudar realmente pueda ser egoísta. Ese riesgo reside en caer preso de lo que algunos llaman «el síndrome del salvador». Eso es a lo que suena: una actitud o postura hacia el mundo con la idea de que tú eres el experto que puede intervenir rápidamente para salvar a otros. Es un enfoque torcido de la ayuda, en el que quien ayuda cree que tiene todas las respuestas, que sabe qué es lo que hay que hacer, y que la persona o grupo en necesidad ha estado esperando que llegara un salvador.

Aunque es un problema genuino, no deberíamos dejar que los verdaderos peligros del síndrome del salvador extingan uno de los instintos más humanos que hay: el instinto de echar una mano. El truco está en ayudar a otros sin creer que tú eres, o sin actuar como si fueras, su salvador.

Todo esto para decir que *cómo* ayudas importa tanto como el que *ayudes*, razón por la cual es esencial comenzar preguntando: «¿En qué puedo ayudar?». Si empiezas con esta pregunta, estás pidiendo, con humildad, dirección. Estás reconociendo que otros son expertos en sus propias vidas, y tú les estás ofreciendo la oportunidad de seguir al mando aunque les prestes algo de ayuda.

Recientemente escuché una gran historia sobre *The Moth*, la cual destaca la importancia de preguntar *en qué* podemos ayudar. *The Moth* es un programa de radio y *podcast* que presenta historias reales, contadas en vivo por personas de todo el mundo. Las historias son fascinantes, incluida una reciente de una mujer de unos ochenta años que explicaba lo mucho que valoraba su independencia. Le encantaba el hecho de que siempre había cuidado de sí misma y que aún podía hacerlo en su octava década. Y entonces tuvo un derrame cerebral.

Mientras estaba en el hospital, los vecinos en su edificio de apartamentos de Nueva York hicieron algunas pequeñas renovaciones en su apartamento para que le fuera más fácil vivir allí con un andador, el cual necesitaría después del derrame. Al principio le tomó por sorpresa, ya que tenía una relación cordial con sus vecinos pero no eran buenos amigos; sin embargo, el gesto de buena voluntad de ellos le inspiró a reconocer que algo de dependencia de otros podría enriquecer su vida, especialmente si era recíproco. Así que colgó un letrero en la puerta de la vivienda dando la bienvenida a su casa a los vecinos para conversar. Después contaba que sus vecinos a menudo acudían a hablar y enfatizaba con gratitud que, cuando le ofrecían ayuda, siempre preguntaban *en qué* podían ayudar. Al preguntarle en qué podían ayudar, explicaba ella, le estaban permitiendo mantener su independencia y dignidad.

No es sorprendente que además de mostrar respeto, preguntar en qué podemos ayudar también es probable que haga que nuestra ayuda sea más eficaz. Mi esposa Katie hace esta pregunta, y presta atención a la respuesta mejor que nadie que yo conozca. Podría contar muchos ejemplos, pero solo compartiré dos.

En 1996, Katie y yo hicimos un viaje en bicicleta desde Nairobi (Kenia) hasta Victoria Falls (Zimbabue). Nos tomó seis semanas terminar el viaje, que cubría más de mil millas (1.600 kilómetros). Fue un viaje impresionante desde el principio hasta el final. Viajábamos con un grupo de turismo descuidadamente organizado, y nuestros compañeros ciclistas eran en su mayoría británicos. Uno de ellos, a quien llamaré Nelson, tenía unos sesenta años. Alto, desgarbado, bastante pálido y con una personalidad ligeramente excéntrica, Nelson se veía y se comportaba como ese bibliotecario británico que había sido durante mucho tiempo. Cuando llegamos a Victoria Falls, todos rentamos una habitación de hotel para celebrar que habíamos terminado nuestra aventura e hicimos planes para reunirnos a la hora de cenar. Cuando fuimos a recoger a Nelson, acudió a la puerta de su hotel con cierta incoherencia al hablar. Básicamente, balbuceaba.

Nuestro grupo pensó que Nelson había celebrado el final de un largo viaje con demasiada bebida, así que le dejamos tranquilo y nos fuimos a cenar. Pero durante la cena, sin embargo, Katie seguía preguntándose por Nelson, insistiéndome en que algo no parecía andar bien. Así que regresamos a su habitación del hotel después de cenar, y cuando salió a la puerta, Katie le preguntó: «¿En qué podemos ayudarle, Nelson? No se le ve muy bien». Entre letras y números al azar, como si estuviera jugando al bingo o colocando libros en las estanterías de la biblioteca, Nelson tuvo un momento de claridad y dijo: «Tengo la sensación de que me late la cabeza».

Katie lo llevó al hospital local y lo ayudó a entrar para que lo viera un médico, lo cual no fue tarea fácil. Resultó que Nelson tenía malaria cerebral, que es mortal si no se trata. El médico le dijo a Katie, muy serio, que había llevado a Nelson justo a tiempo.

Nelson fue trasladado en helicóptero a un hospital más grande en Harare, donde recibió el tratamiento médico necesario. Si Katie no le hubiera preguntado a Nelson en qué podíamos ayudarlo, y hubiera supuesto que ya sabíamos cuál era su problema, Nelson probablemente habría muerto en su habitación del hotel.

Un ejemplo ligeramente menos dramático viene de un caso en el que Katie y sus colegas han trabajado recientemente. Como abogada en educación especial, Katie trabaja en una clínica en la Escuela de Derecho de Harvard. Con sus colegas y estudiantes de derecho, ella representa a niños pobres que tienen derecho a una educación especial pero que no están recibiendo los servicios para los que les han autorizado bajo la ley estatal y federal. Con mucha frecuencia en esas situaciones los oficiales de la escuela, los médicos o abogados les dicen a los niños y a sus familias lo que necesitan. Katie y sus colegas se aseguran de entender qué es lo que los niños y sus familias verdaderamente quieren preguntando, de una o de otra forma: «¿En qué podemos ayudar?».

Uno de sus clientes, a quien llamaré Robert, acudió a ella cuando tenía dieciocho años. Robert no había ido a la escuela desde hacía dos años. Tenía solo una parte de los créditos necesarios para graduarse de secundaria, pero era muy capaz académicamente, con un CI en un percentil de noventa.

Robert batallaba con una importante (y no diagnosticada) ansiedad, la cual a veces desafiaba su capacidad para operar. Cuando era más joven, se ausentaba frecuentemente de la escuela, y después dejó de ir cuando a su padre le diagnosticaron un avanzado tumor cerebral. Como su madre trabajaba a jornada completa, mucha de la carga de cuidar de su padre recayó sobre Robert.

Los oficiales de la escuela consideraron que el caso de Robert era de absentismo escolar voluntario, y concluyeron que él simplemente no quería asistir más a la escuela. Pensando que lo estaban ayudando, los oficiales de la escuela le aconsejaron que la dejara y consiguiera su GED (diploma de educación general). Como Robert podía aprobar ese examen fácilmente y después pasar a una universidad de la comunidad, eso les pareció una solución obvia.

Pero eso no era lo que Robert quería, algo que Katie y sus colegas supieron al escucharle. Hacer el GED no le ayudaría a conseguir las habilidades para lidiar con su ansiedad. Además, Robert tenía aspiraciones más elevadas. Quería graduarse de la secundaria con un diploma normal y después adquirir un título de cuatro años. Sabía que eso sería un reto, dado que sería mucho mayor que sus compañeros de clase, pero estaba decidido a hacerlo.

Katie y sus colegas se encargaron del caso. Al trabajar con Robert, finalmente convencieron a los oficiales de la escuela relevantes de que el absentismo escolar de Robert provenía de un trastorno de ansiedad que había que tratar. Robert terminó asistiendo a un pequeño instituto público para estudiantes con discapacidades emocionales, sacó las mejores calificaciones en el primer año allí, y está a punto de graduarse. Todo porque Katie y sus colegas preguntaron: «¿En qué podemos ayudar?» y después escucharon, y respetaron, la respuesta de Robert.

Aunque Katie sabe hacer instintivamente esta pregunta, yo tuve que aprender su importancia. Aprendí mi lección de un cliente al que llamaré Patrick, un periodista camerunés. Yo estaba ejerciendo como abogado en Newark, Nueva Jersey, en una firma de abogados con el memorable aunque desafortunado nombre de Crummy, Del Deo (que significa horrible, despreciable. N. T.). Esta firma patrocinó una fundación de interés público y permitió que los socios, entre los que yo me encontraba, trabajaran solamente en casos sin cobrar. Era un gran trabajo, porque bajo estas condiciones yo podía trabajar en cualquier caso que me interesase. El caso de Patrick me intrigó.

Patrick buscaba asilo político. Mientras se retransmitían en un canal de televisión propiedad del estado los resultados de las elecciones en Camerún, Patrick tomó la valiente y peligrosa decisión de informar, en vivo desde el campo, sobre el creciente fraude electoral cometido por el gobierno. Cuando regresó a su oficina, la policía lo estaba esperando. Encerraron a Patrick en la cárcel y, durante meses, lo torturaron brutalmente. En varias ocasiones estuvieron cerca de matarlo. Su madre finalmente sobornó a un guardia de la prisión, el cual liberó a Patrick en medio de la noche bajo la cubierta de la oscuridad. Patrick entonces comenzó una odisea atravesando varios continentes que terminó con su entrada en Estados Unidos con un pasaporte falso. Cuando un oficial de aduanas le preguntó a Patrick por su pasaporte, admitió que era falso. Aunque intentó explicar que estaba buscando asilo, Patrick fue arrestado y enviado a un centro de detención en Newark, que albergaba a inmigrantes no autorizados atrapados en la frontera de Estados Unidos.

Un grupo de derechos humanos identificó el caso de Patrick y me lo envió. Yo sabía que para cumplir la norma estándar legal para obtener asilo, el solicitante tenía que demostrar que tenía un «temor creíble a la persecución». Me dispuse a conseguir los hechos de Patrick que me permitieran ganar su caso. Esto tomó bastante tiempo, y el proceso de asilo en sí avanzaba muy lentamente. Mientras el proceso seguía demorándose, Patrick cada vez se volvía más desesperanzado. Yo pensaba que estábamos avanzando, aunque despacio, pero el paso de los días para Patrick se le hacía eterno.

Durante una entrevista, cuando Patrick ofrecía respuestas cortas a mis preguntas, me detuve y dije que parecía deprimido. Y (finalmente) le pregunté si había algo que yo pudiera hacer para ayudar. Él dijo: «Realmente tengo que salir de este lugar. Me está matando haber llegado hasta aquí solo para volver a estar en prisión». Sabía que ser detenido no era su primera opción, y que no era la primera opción para nadie, pero pensaba que sería un precio pequeño a pagar si recibía el asilo. Pero la frase de Patrick me dejó helado. Comencé a investigar más sobre el proceso de asilo y supe que quienes esperan una audiencia por asilo podían ser liberados si había una familia que estuviera dispuesta a albergarlos. Katie y yo no podíamos hospedarlo, porque vivíamos con nuestro recién nacido en un apartamento diminuto, que realmente no podía dar cobijo a otra persona, pero un generoso colega mío y su familia se ofrecieron voluntarios para dar cobijo a Patrick, así que dejé momentáneamente a un lado el caso de asilo de Patrick y me concentré en su liberación.

En cuestión de dos semanas, la petición de libertad de Patrick fue concedida, y pasó a vivir con la familia que le acogería. Se quedó con ellos varios meses mientras seguíamos preparando su audiencia, la cual se me ocurrió que finalmente sería la oportunidad de Patrick, y no la mía, para contar su historia. Así que con la experta ayuda de un colega, trabajamos para ayudar a Patrick a contar su historia.

Patrick finalmente recibió asilo, y se dispuso a encontrar un buen trabajo en Nueva Jersey y a crear una nueva vida. Unos años después, Patrick me pidió que fuera el padrino de su boda, y dijo: «Porque tú fuiste mi primer amigo aquí. Tú me escuchaste».

Preguntar en qué podemos ayudar es también una forma eficaz de animar a otros a identificar, expresar y afrontar sus propios problemas. Esto a veces es comprensiblemente difícil de hacer, como describe emotivamente Atul Gawande en *Being Mortal*, en donde narra las difíciles decisiones que los pacientes avanzados de cáncer deben tomar con respecto a sus propios cuidados. Ya que afrontar tu propia mortalidad es indescriptiblemente difícil, y como los médicos de forma natural quieren salvar a los pacientes, es difícil para los médicos y para los pacientes tener francas discusiones sobre el final de la vida. Pero como destaca Gawande, los pacientes de cáncer y sus familiares necesitan a gritos alguien que les ayude guiándolos con imparcialidad y compasión. Se me ocurrió al leer este libro que si los médicos preguntaban a los pacientes en qué podían ayudar, antes de simplemente describir las diversas intervenciones que podían realizar, de algún modo forzarían la pregunta que solo el paciente puede responder: ¿Qué quiere usted hacer? ¿Cómo quiere pasar los que podrían ser los últimos meses de su vida? ¿Cómo quiere tomar esa decisión, qué información sería útil, por ejemplo, y a quién más le gustaría incluir en la conversación?

Preguntar en qué podemos ayudar es igualmente eficaz en circunstancias menos extremas, aunque por razones similares. Si preguntamos a otros en qué podemos ayudar, les estamos invitando a hacerse responsables de sus propios problemas, y por esta razón es una pregunta útil de hacer a amigos, familiares y colegas. Me he dado cuenta de que es una pregunta particularmente útil para hacerla a niños y jóvenes adultos.

Entre la universidad y la escuela de derecho, pasé un invierno trabajando en una escuela de esquí para niños en Colorado. No tenía la preparación para ser instructor, así que pasé la mayor parte del invierno como ayudante de interior, pasando a ser instructor exterior para los esquiadores principiantes solo cuando la mayoría de los demás instructores se habían ido para el resto de la temporada. Mientras trabajaba con el equipo de interior, hacía las comidas, ayudaba a los niños a ponerse y quitarse el equipamiento, les limpiaba la nariz, buscaba los guantes e intentaba calmar los nervios tanto de los padres como de los propios niños. También hice mucho chocolate caliente. Los niños eran muy pequeños, y algunos estaban abrumados con todo aquello, así como mis propios hijos lo estaban años después cuando intenté enseñarles a esquiar. En la escuela de esquí intentábamos ayudar todo lo que podíamos, lo cual a menudo significaba que hacíamos muchas sugerencias con respecto a lo que los niños podían y deberían hacer para estar cómodos.

La mayor parte del tiempo esas sugerencias funcionaban, pero a veces alborotaban más a los niños. Era como si la obvia inutilidad de nuestras sugerencias no hiciera otra cosa que confirmarles lo desesperanzada que era su situación. Recuerdo a un niño de siete años particularmente obstinado que no quería salir a tomar su lección de esquí después de almorzar. Yo le hacía una sugerencia tras otra: abróchate las botas, ponte los guantes, lleva puestas tus gafas, ponte la bufanda. Con cada sugerencia se molestaba aún más, hasta que totalmente exasperado, finalmente le pregunté: «Está bien, esto no está funcionando, ¿así que quizá puedes decirme en qué puedo ayudarte?».

Para mi propia sorpresa, esa pregunta le hizo calmarse. Miró a su alrededor, y después muy bajito me dijo: «Tengo más hambre». Le hice otro sándwich y me senté con él mientras se lo comía. Definitivamente estaba hambriento, pero también creo que necesitaba un descanso mental. No lo anticipé en ese momento, pero al pedirle que me dijera qué necesitaba, le pasé la carga a él para que identificase y comenzase a tratar exactamente aquello que le estaba molestando.

He observado que esta pregunta es muy eficaz como padre y cuando trabajo con estudiantes que están batallando o están descontentos. Como padre (y maestro), uno intenta ayudar a resolver problemas, tanto grandes como pequeños. Muy a menudo, pensamos que sabemos cuál es la solución, así que ofrecemos la idea, o toda una ráfaga de ideas; sin embargo, a veces ofrecer soluciones simplemente alimenta la ansiedad o tozudez que nuestros hijos o estudiantes están sintiendo, así como ocurrió con el niño en la escuela de esquí. Si en vez de eso escuchamos con paciencia y silenciosamente sus preocupaciones y quejas, y después preguntamos en qué podemos ayudar, eso cambia la conversación. Por lo general, hace que mis propios hijos hagan una pausa y piensan si realmente puedo ayudarles, y si es así, en qué. La mayoría de las veces, finalmente me dicen que en realidad no puedo hacer nada, pero al decirlo están comenzando a resolver el problema por sí mismos. Lo más necesario para ellos era desahogarse, recibir algo de apoyo y encontrar una solución por sí solos.

La necesidad de desahogarnos no es algo solo de niños. Mi prima Tracy, que es tan divertida como sabia, me contó una vez una historia acerca de un día que llegó a casa tras un día laboral bastante frustrante y le contó su día al novio. En vez de escuchar toda la historia, su novio inmediatamente comenzó a ofrecer ideas sobre lo que debía haber hecho para resolver los problemas, y eso a ella la puso peor. «No quería que él resolviera mis problemas», me dijo. «Solo quería que me escuchara y entendiera que tuve un mal día en el trabajo».

Si le preguntas a tus amigos, familiares o colegas en qué puedes ayudar, no estás ofreciendo resolver sus problemas con sugerencias concretas; en cambio, estás validando que tienen un problema real y dejándoles saber que estás disponible para ayudar, si eso fuera necesario. Les estás mostrando tanto simpatía como empatía, que a veces es lo único que las personas necesitan. Para decirlo de otra forma, al preguntar en qué puedes ayudar, a veces con eso ya lo has hecho.

Finalmente, si preguntas *en qué* puedes ayudar, estás entrando en una conversación y en una relación en un plano de igualdad. Es probable que estés abierto, como debería ser, a la posibilidad de que la persona a la que le estás ofreciendo la ayuda tenga también algo que ofrecerte a ti a cambio. A fin de cuentas, le estás invitando a enseñarte lo suficiente sobre su situación o su vida para permitirte que le ayudes. De esta forma, preguntar en qué puedes ayudar es una invitación a comenzar una relación genuina, basada en la idea de reciprocidad.

Llegué a apreciar este punto cuando trabajé como voluntario durante unos meses en el Kentucky rural, justo después de terminar en mi escuela de esquí en Colorado y justo antes de comenzar la escuela de derecho. Trabajé con una organización voluntaria católica, y pensé que iría puerta por puerta en los Apalaches, ofreciendo cualquier ayuda que yo pudiera dar. No recuerdo del todo qué fue lo que me movió a ser voluntario, pero estoy seguro de que un toque del síndrome del salvador me motivó a ello. Me da vergüenza recordarlo, pero supongo que creía que a los diecinueve años, sin ninguna experiencia relevante, podía de algún modo ayudar a los pobres rurales de los Apalaches.

Para sorpresa mía, no me enviaron puerta por puerta, sino que me asignaron a un pequeño grupo de una casa para niños con discapacidades. La mayoría de ellos eran muy pequeños y tenían enfermedades que limitaban su vida. Era probable que ninguno llegara a la adolescencia. Una de los residentes, sin embargo, era una niña adolescente dinámica con síndrome de Down, a quien llamaré Cindy.

En cuanto entré en esa casa, que era una casa de rancho ordenada, limpia y acogedora, Cindy se acercó y me agarró la mano. «Eres muy guapo», me dijo. Tras hacer algunos leves intentos por decir algo divertido como respuesta, ella dijo: «Jim, eres muy divertido». A partir de ese momento, cada mañana cuando yo llegaba, Cindy tomaba mi mano y decía alguna versión de «Jim, eres guapo. Y eres muy divertido».

Pasaba la mayor parte del día lidiando con las necesidades básicas del baño, vestido, alimentación y entretenimiento de los niños. El pequeño equipo que trabajaba allí recibió con amabilidad mi ayuda, y me enseñaron pacientemente lo que tenía que saber. La mayor parte del trabajo estaba bastante claro, pero había un niño que tenía un tubo de alimentación que había que limpiar regularmente. Una colega me mostró cómo hacerlo, pero aun así me puse nervioso la primera vez que intenté limpiarlo, preocupado de poder hacer daño al niño. Cindy vio que me costaba, se acercó y se hizo cargo. Miré a mi colega con una expresión que le hacía saber si eso estaba bien, y ella sonrió y asintió. Cindy limpió de forma experta el tubo de alimentación mientras me decía que era fácil.

A partir de ese momento, observé que Cindy sabía, tanto como cualquier otro, cómo ayudar a los demás niños. Sabía qué comida les gustaba, cómo les gustaba que los levantasen de la silla de ruedas para darles el baño o cambiarlos de ropa, cómo peinarlos, qué canciones les gustaba oír. Ella se convirtió en mi maestra y mi guía. Como los niños no podían hablar, no podía preguntarles en qué podía ayudarlos, pero podía preguntarle a Cindy o simplemente seguir su guía.

Una niña de la casa cautivó mi corazón. La llamaré Susie. Susie no tendría ni dos añitos de edad, con unos hermosos ojos azules, hoyuelos, escaso cabello rubio y una sonrisa fácil. Tenía una lesión en la médula espinal y no se podía sentar derecha, y también era sorda y muy callada. Pero cuando la mirabas, ella te sostenía la mirada como si estuviera estudiando tu cara. No estaba muy seguro de poder hacer algo para entretenerla o consolarla. Una mañana, Cindy me vio de pie junto a la cuna de Susie. Cindy se acercó, tomó mi mano y me guió hasta la mano de Susie. Susie agarró mi mano y la usó para acariciar su mejilla, sonriendo todo el tiempo. «A ella le gusta eso», dijo Cindy, con una sonrisa.

Decir que aprendí más de lo que ayudé sería una burda narración incompleta. No fui por eso, pero ese fue el resultado. Aprendí en Kentucky a no subestimar a quienes tienen «discapacidades», como Cindy, quien me enseñó más sobre los niños a quienes yo intentaba ayudar que lo que habría aprendido jamás por mí mismo, y quien se convirtió no solo en mi maestra, sino también en mi amiga. Aprendí de los niños y del equipo que pueden existir pequeñas alegrías junto a la verdadera tragedia. Las historias de los niños que vivían en la casa eran descorazonadoras, pero no era un lugar triste. Era un lugar lleno de amor y cuidado.

Quizá más que ninguna otra cosa, aprendí sobre la aceptación y la humildad. Pude entretener a los niños, ayudar a darles de comer y a cuidarlos; pero no pude hacer mucho más. Ciertamente no pude cambiar la trayectoria de sus vidas, como ningún otro de los que allí estaban. Así que seguí la guía de Cindy y me concentré en ese día, en ese momento, y en esa niña. Intenté dar algo de consuelo, y donde podía, alguna alegría.

Fue al mismo tiempo una lección difícil de aprender y liberadora, y ha permanecido conmigo. Tanto, que cuando Katie y yo nos casamos le pedí a mi amigo Roger que leyera *A Prayer in Spring* [Una oración en primavera], de Robert Frost, en la ceremonia. Roger había estado conmigo en Kentucky, y fue allí donde me encontré por primera vez con este poema, el cual capta bien lo que Cindy y los demás niños me habían enseñado.

El poema comienza:

*Oh, danos el placer de las flores en este día;*
*y danos no pensar tan lejos*
*como la cosecha incierta; mantennos aquí*
*simplemente en el arranque del año.*

Después de animar al lector a disfrutar de las orquídeas, abejas y aves que le rodean, el poema termina:

*Porque esto es amor y nada más es el amor,*
*el que está reservado por Dios en las alturas*
*para santificar hasta los confines que él quiera,*
*pero que solo necesita que nosotros cumplamos.*

En otras palabras, quién sabe finalmente todo lo que esto significa, pero nuestra tarea más importante, por ahora, es darnos cuenta de la fugaz belleza que nos rodea y apreciarla. En mi experiencia, si nos ofrecemos para ayudar a otros y a cambio nos mantenemos abiertos a su ayuda, llegaremos a apreciar que, en palabras de Frost, «esto es amor y nada más es el amor».

Debido a todas estas razones, «¿En qué puedo ayudar?» es una pregunta esencial. Es la pregunta que forma la base de todas las buenas relaciones. Es una pregunta que deja saber que nos importa. Deja saber que estamos dispuestos a ayudar, pero también muestra respeto, humildad y la probabilidad de que, al final, seremos nosotros mismos quienes recibiremos incluso más ayuda de la que ofrecemos.

# Capítulo cinco

# ¿Qué es lo verdaderamente importante?

La quinta y última pregunta esencial dice: «¿Qué es lo verdaderamente importante?». Esta es la pregunta que te puede guiar eficazmente tanto en una reunión con colegas como en las decisiones más importantes de tu vida. Te obliga a llegar al corazón del asunto en el trabajo o la escuela, y al corazón de tus propias convicciones, creencias y metas en la vida. Es la pregunta que puede ayudarte a separar lo verdaderamente importante de lo trivial, y puede ayudarte a sortear las pequeñeces para perseguir lo trascendental.

En retrospectiva, esta es la pregunta que muchos de nosotros deberíamos habernos hecho la mañana en que nació nuestro segundo hijo, Sam. Esta es una historia admonitoria, aunque por fortuna tiene un final feliz. Y prometo que es la última historia de nacimientos de este libro.

Mientras estaba embarazada de Sam, Katie escuchaba una y otra vez que el segundo hijo puede llegar rápidamente, refiriéndose a que el periodo de contracciones puede ser muy corto. Eso fueron buenas noticias para Katie, dado que había pasado por un largo sufrimiento cuando dio a luz a nuestro primer hijo: Will. Cuando Katie se despertó con dolores de parto a las cuatro de la mañana, el 29 de noviembre de 1998, supe que teníamos que actuar con rapidez. La amiga de la universidad de Katie, una obstetra, resulta que se había quedado con nosotros esa noche, y nos urgió a ir inmediatamente al hospital. Incurablemente responsable, Katie quería asegurarse de que nuestros perros, gato y dos caballos estuvieran alimentados antes de irnos. También decidió darse un baño.

Cuando finalmente nos subimos al auto, las contracciones de Katie ya eran bastante seguidas y dolorosas. Aceleré hasta el hospital, casi atropellando a un ciervo por el camino. Cuando llegamos, Katie ya estaba con dilatación. Por razones que no puedo explicar mucho, aparte de decir que yo no estaba pensando con claridad, me pasé la entrada a la sala de urgencias y fui hasta el estacionamiento exterior para visitantes. Como era tan temprano, la puerta del estacionamiento estaba levantada y no había nadie vigilando. Pensé: *Si entramos por aquí, no sabrán a qué hora entramos y probablemente el estacionamiento nos costará un brazo y una pierna.* Lo sé, lo sé: grave error.

Salí marcha atrás del estacionamiento y fui a otra entrada, que también tenía la puerta levantada, pero esta vez decidí jugármela, en parte porque Katie a esas alturas decía, con bastante certeza, que iba «¡A TENER AL BEBÉ AHORA MISMO!». Intenté explicarle por qué eso realmente no sería una buena idea. Cuando me estacioné y fui a ayudarla, Katie repitió su intención de dar a luz a Sam de inmediato y después añadió que estaba bastante segura de no poder caminar más. Pensé en abrir el maletero de nuestro Subaru familiar, tumbarla como si fuera una maleta en él, y después conducir lentamente con el maletero abierto hasta la sala de emergencias, que estaba solo a unos quinientos metros pero parecía muy lejos en ese momento.

Finalmente medio la cargué, medio sujeté a Katie bajando las escaleras, con la esperanza de haber dejado el auto en el segundo nivel del estacionamiento. Cuando llegamos al final de las escaleras, Katie decidió que tenía que tumbarse un minuto en la acera, justo enfrente de la sala de urgencias. Yo comencé a gritar calmadamente, y por fortuna alguien del hospital nos oyó y nos llevó dentro, con Katie muy incómodamente en una silla de ruedas.

En ese momento, Katie estaba haciendo todo lo que podía para impedir que Sam saliera, pero por alguna razón no la ayudó mucho cuando dije: «Bueno, por lo menos no está atascado». Mientras entrábamos en la sala de urgencias, un administrador nos saludó y nos dijo que teníamos que ir a «observación», donde harían las comprobaciones para asegurarse de que no era una falsa alarma antes de enviarnos a la sala de partos. Nosotros prometimos, de forma bastante enfática, que Katie no tenía un falsa alarma y que sus dolores de parto eran genuinos, pero el administrador seguía repitiendo que «Todas van a observación», en un tono agradable pero ligeramente amenazante, lo cual me recordó a la enfermera Ratched en *Alguien voló sobre el nido del cuco*. Como las cosas por lo general no terminaban muy bien cuando uno hacía enojar a la enfermera Ratched, sugerí que iríamos a observación. Rápidamente.

Allí conocimos al médico residente de guardia más desventurado, el cual nos saludó sin la sensación de urgencia que parecía requerir la situación. Tras intentar intercambiar algunas bromas entre los gritos de dolor de Katie, la examinó y dijo sorprendido: «Vaya, ¡casi puedo ver la cabeza del niño! ¡Es increíble!». Y después, tras una ligera pausa para ver si apreciábamos lo asombroso que era que Katie verdaderamente estuviera a punto de dar a luz, añadió: «Creo que quizá deberíamos llevarla al paritorio».

Pocos minutos después, estábamos en el paritorio con el residente y una enfermera, quien tenía claramente más experiencia que el residente. Katie estaba tan preparada para tener al bebé como lo estaba diez minutos antes, queriendo decir que *realmente* estaba lista. El médico residente, por el contrario, claramente *no* estaba preparado. Miró a la enfermera y comenzó a enumerar todo lo que podría necesitar para el parto.

—Necesitaré mis lentes protectoras —dijo, mientras la enfermera le devolvía la mirada escéptica—. Necesitaré mis patucos —refiriéndose a esas cubiertas azules o verdes que se ponen sobre los zapatos—, y necesitaré algo de agua. Para beber.

En ese momento, la enfermera me miró con una ceja levantada, lo cual me animó a sugerir amablemente:

—Doctor, creo que quizá deberíamos centrarnos un poco en esto. Katie está a punto de explotar.

La enfermera, por fortuna, continuó con la idea y sugirió respetuosamente que el médico asistente estaba en la puerta contigua.

—Sugiero que llamemos al asistente para una consulta —dijo entonces el residente.

El médico asistente llegó de inmediato. Se acercó directamente a Katie, pasó unos dos minutos examinándola, y dijo:

—De acuerdo, ¿está lista para tener este bebé?

Katie respondió con una versión más salerosa de «Sí, eso sería fantástico». Unos cinco minutos después, Sam llegó al mundo.

Mirando atrás, es bastante fácil identificar varios pasos en falso en las personas involucradas, al menos algunos de los cuales se podrían haber evitado preguntando: «¿Qué es lo verdaderamente importante?». Lo único que importaba para Katie y Sam era un parto saludable; sin embargo, todos los presentes gastaron un precioso tiempo en distracciones. Alimentar a los caballos y darse un baño son cosas buenas para hacer regularmente, pero no cuando estás a punto de tener un bebé. ¿No pagar demasiado por el estacionamiento? Esa es una meta perfectamente admirable en general, y era un principio que regía la vida de mi padre, pero probablemente no es tan importante cuando tu esposa está de parto. Quedarse atascado en la burocracia tampoco importaba tanto como asegurarse de que el bebé saliera bien. De igual manera, asegurarse de tener sus patucos puestos antes de traer un bebé al mundo podría ser una buena idea por lo general, pero probablemente no son indispensables cuando el tiempo apremia.

Como ilustra nuestra desventura con Sam, es bastante fácil perder de vista lo verdaderamente importante. Nosotros también podemos quedarnos atascados en rutinas que nos distraen. Puede que nos falte confianza en nuestras habilidades y nos enfoquemos en detalles bastante irrelevantes en vez de confrontar el difícil y desafiante trabajo que tenemos por delante. Puede que nos estresemos tanto que nos distraigamos fácilmente o que nos cueste enfocarnos. En cada una de estas situaciones es útil preguntarse qué importa verdaderamente.

Hacerlo puede ayudarnos a dejar las rutinas, reunir el coraje para afrontar la tarea difícil, y ayudarnos a obtener la calma necesaria para identificar lo que es verdaderamente importante. Por fortuna, todo terminó bien con Sam, y al final se convirtió en una historia divertida, aunque he de admitir que a Katie (y a sus padres) les costó un poco apreciar el humor de nuestras locuras; está bien, de mis locuras. Tuvimos varias conversaciones poco después de que naciera Sam en las cuales dije cosas como: «Tienes que admitir que al menos fue un poco divertido cuando busqué un estacionamiento barato. ¿Verdad? ¿Verdad?».

Preguntarte a ti mismo y a otros qué es lo verdaderamente importante es también útil en el trabajo o en la escuela. Te permite eliminar distracciones, tangentes y detalles irrelevantes, y seguir enfocado en las tareas reales e importantes que tienes que realizar. Piensa en la enfermera que sugirió llamar al médico asistente, o en el médico asistente mismo, quien en cuestión de minutos supo exactamente lo que requería la situación. Tanto la enfermera como el médico claramente se habían hecho una versión de la pregunta «¿Qué es lo verdaderamente importante?» al ver la situación que tenían ante ellos.

O consideremos el ejemplo de mi anterior jefe, el juez Rehnquist de la Corte Suprema, que siempre estaba atento. Como mencioné en el primer capítulo, pasé un año como empleado de la Corte para el juez Rehnquist de la Corte Suprema poco después de graduarme de derecho. Parte de mi tarea, junto a mis dos compañeros de trabajo, era ayudar a preparar al juez de la Corte Suprema (o «el Juez» como lo llamábamos) para los argumentos orales. En función de eso, leíamos los muchos informes que preparaban los abogados para las partes del caso, así como cualquier informe adicional preparado por *amicus curiae*, o los «amigos del tribunal», que por lo general eran grupos de defensores que podían ofrecer alguna experiencia o perspectiva adicional sobre los asuntos tratados. En total, cada caso conllevaba cientos de páginas de material escrito, el cual los ayudantes y jueces examinaban como preparación para un argumento oral de una hora.

La mayor parte de los jueces pedían a sus ayudantes que preparasen lo que llamábamos los «informes de banquillo», que resumían los datos y la historia procesal del caso, así como los argumentos hechos en los muchos informes. Los informes de banquillo por lo general concluían con un análisis de los méritos del caso, además de algunas áreas de preguntas sugeridas. Los llamábamos «informes de banquillo» porque los jueces llevaban los memos al «banquillo», donde se sentaban durante los argumentos orales. Como te puedes imaginar, los informes eran bastante largos, y tomaba mucho tiempo y esfuerzo repasarlos.

El Juez no nos exigía escribir informes de banquillo, lo cual era uno de los muchos aspectos particulares y maravillosos de trabajar para él. En cambio, él se preparaba para los argumentos orales caminando por el edificio con el ayudante responsable del caso. El único aspecto ligeramente desesperante de este enfoque era la incertidumbre del tiempo. (En mi caso, existía también la posibilidad muy real de que quedara como un necio delante del juez de la Corte Suprema de Estados Unidos). Sabíamos que teníamos que estar listos a partir de una fecha concreta para tener una conversación con el Juez sobre el caso, pero no sabíamos exactamente cuándo, después de esa fecha, iba a sonar el teléfono con una invitación a caminar con él.

Dábamos una vuelta alrededor del edificio de la Corte Suprema, que es un gran edificio ornamentado justo detrás de la Cúpula del Capitolio. Las paredes confirmaban lo anónimos que eran la mayoría de los jueces de la Corte Suprema, incluido el Juez. Solo una vez hubo una persona que le reconoció, y fue Linda Greenhouse, una reportera del *New York Times* que cubría la Corte Suprema. En cada paseo, pasábamos junto a turistas que estaban visitando la Corte Suprema, y ellos nunca reconocían al Juez. Recuerdo una vez cuando tuvimos que pasar entre una multitud de revoltosos escolares, y el Juez sugirió a su maestra que impidiera que sus estudiantes bloquearan el paso. Ella respondió con una mirada que sugería, de forma bastante clara, que él se ocupara de sus propios asuntos, anciano. Yo sonreí y pensé: ¡Si ella supiera!

Durante esos paseos, que por lo general solían durar unos veinte minutos, discutíamos el caso y el resultado del alegato oral. El Juez comenzaba preguntando por nuestra visión de los méritos del caso, y después comenzaba a hacer preguntas. Las preguntas iban directamente al corazón del caso. No dedicábamos tiempo a los detalles del procedimiento que no tenían repercusión en el resultado, o a ningún otro aspecto del caso que no tuviera influencia sobre el resultado. Era todo trigo y nada de paja; todo sustancia y no menudencias. El Juez y yo no siempre estábamos de acuerdo en las respuestas a las preguntas, ya que veíamos el mundo de formas distintas. Sin duda, lo recuerdo preguntándome, con muchas palabras: «¿Espera, qué dices? ¿De verdad crees eso? Quiero decir, ¿no estás bromeando?». Pero no había duda de que sus preguntas eran exactamente las correctas que se debían hacer; eran similares al tipo de preguntas que hacía el juez Stevens en el alegato oral.

Ciertamente, el Juez era en verdad excepcional en su capacidad para quitar capas de información con el fin de identificar preguntas y asuntos clave. Es una de las razones por las que fue un abogado de tanto éxito y seleccionado para ser juez de la Corte Suprema. También tenía experiencia, a diferencia del médico residente agobiado que conocimos cuando nació Sam. Cuando trabajé para él, el Juez ya llevaba en la Corte un par de décadas, así que tuvo muchas oportunidades de pulir su habilidad. El talento y la experiencia indudablemente le ayudaban a identificar con rapidez lo que más importaba en los casos que oía; sin embargo, su mentalidad también importaba. El Juez trataba toda su vida del mismo modo que trataba los casos. Sin duda, él pensaba sobre lo que verdaderamente importaba en cada faceta de su vida. Al Juez no le gustaba perder el tiempo. Años después de trabajar para él, me crucé con un pasaje en un libro de Tim Geithner, que trabajó como secretario del Tesoro bajo el presidente Obama. El pasaje me recordó al Juez. No es sorprendente que el secretario Geithner tuviera que asistir a muchas reuniones, algunas de las cuales eran reales y significaban hacer progresos, y algunas eran solo para la galería. Desarrolló el hábito de entrar en las reuniones a las que otros le llamaban y preguntar: «¿Esta reunión es real o de mentira?». Geithner después se castigaba por ser demasiado impaciente, pero esa pregunta me parece a la vez divertida y acertadamente cierta. Lo que en realidad importaba para Geithner era realizar el trabajo, no hacer cosas para la galería. El Juez sentía lo mismo.

El Juez odiaba perder el tiempo, creo yo, porque tenía un aluvión interminable de aficiones e intereses, incluyendo la fotografía, la historia, las óperas de Gilbert y Sullivan, nadar, la meteorología, el fútbol universitario, el tenis, pintar y escribir. Aunque tenía uno de los trabajos más demandantes e importantes del mundo, el cual se tomaba muy en serio, sacaba tiempo para esas aficiones y estaba muy entregado a su familia. Siempre se las arreglaba para ver las responsabilidades de su oficio como un aspecto de su vida, crítico sin duda, pero solo uno. Como había tantas cosas que quería hacer, sabía que no podía darse el lujo de perder el tiempo.

Pensé en la manera de ver la vida del Juez durante una charla a la que asistí de Randy Pausch en la Universidad de Virginia en 2008. Como quizá recuerdes, el profesor Pausch fue un científico en informática en Carnegie Mellon que supo que tenía cáncer pancreático, una enfermedad terminal, en 2007. Poco después de ser diagnosticado, dio una clase en Carnegie Mellon titulada «La última lección: Alcanzar realmente los sueños de la infancia». Después escribió un libro éxito de ventas desarrollando más esta clase. Su charla en la UVA fue acerca del libro.

Fui esperando oír una clase muy filosófica sobre el significado de la vida de alguien que estaba afrontando directamente su propia mortalidad. En cambio, para mi sorpresa, la clase fue extremadamente práctica, detallando formas de ahorrar tiempo en el trabajo. La premisa subyacente del profesor Pausch era que deberíamos ser todo lo eficaces que pudiéramos en el trabajo para poder hacer todas las cosas aparte del trabajo que son igual de importantes que este, como pasar tiempo con la familia y los amigos, o realizar aficiones y otras pasiones. Él era agnóstico con lo que esas cosas podrían ser y no le interesaba decirle a la audiencia qué debía valorar y qué no. En su lugar, estaba sugiriendo un tipo de enfoque con mucha reflexión con respecto a la pregunta de qué es lo que verdaderamente importa, donde uno se hace a sí mismo constantemente esta pregunta para descubrir estrategias prácticas que ayuden a vivir la vida de manera coherente con las respuestas a esa pregunta. Aunque inicialmente me decepcionó su conferencia, he llegado a apreciar el valor de su consejo, el cual me hizo apreciar aún más el ejemplo que me había dado el Juez.

No es necesario ser juez de la Corte Suprema de Estados Unidos para preguntarse qué es lo verdaderamente importante o para beneficiarse de su respuesta. Mi padre, por ejemplo, nunca fue juez de la Corte Suprema, pero descubrió lo que verdaderamente era importante para él: su familia. Casi todo lo que hacía en su vida se remontaba a este principio fundamental. Trabajaba en su empleo para proveer para su familia, no porque lo disfrutara especialmente. (Aún lo recuerdo moviendo su cabeza por mi ingenuidad cuando dije que esperaba conseguir un trabajo que realmente me gustara, y él diciendo: «Por algo se le llama trabajo»). Cuando no estaba trabajando, mi padre pasaba su tiempo reparando nuestra casa, asistiendo a los eventos de mi hermana y míos, e intentando enseñarme habilidades de mantenimiento del hogar, las cuales me faltan en la actualidad, por ejemplo saber instalar un enchufe de corriente, una lección que abandoné después de que me diera un calambre.

Mi padre también pasó mucho tiempo golpeando bolas de béisbol para mí en nuestro jardín. Durante toda la primavera y el verano, pasábamos horas juntos, él golpeando una bola tras otra para que yo las atrapara y de vez en cuando dándome un consejo, que una vez incluyó: «Está bien, tan solo dame el diente y echa la cabeza para atrás», después de haber fallado la recepción de una bola. «Era solo un diente de leche», recuerdo que me dijo después mi mamá (ligeramente asustada).

Con los años, mi padre se volvió sentimental, y se emocionaba mucho en ocasiones trascendentales como las graduaciones y las bodas. Cuando me gradué de la universidad, dijo con lágrimas en sus ojos que se imaginaba que yo habría aprendido alguna que otra lección atrapando bolas en el jardín. Lo dijo medio en broma, pero era también su manera emotiva de reconocer que él no había ido a la universidad y de expresar su esperanza en que a pesar de eso, me había ayudado en el camino.

El béisbol se convirtió en una broma entre nosotros, la cual repitió cuando me gradué de la facultad de derecho y siempre que comenzaba un nuevo trabajo o conseguía algún logro. En 1997, un año antes de que mi padre muriese, recibí una oferta para enseñar derecho en la Universidad de Virginia. Katie y yo éramos padres primerizos en ese entonces. Cuando llamé a mis padres para contarles la oferta de la UVA, mi padre predeciblemente dijo que debía de haber aprendido mucho jugando al béisbol con él en el jardín. Yo pensé en nuestro hijo Will. En vez de tan solo reírme por el comentario de mi padre como solía hacer, le dije, sin saber que era mi última ocasión: «La verdad es que aprendí mucho, papá. Aprendí lo que significa ser un buen padre». Intenté decir más, pero él se emocionó y le dio el teléfono a mi madre.

Al decidir que su familia era verdaderamente importante para él, mi padre no fue el único. Creo que la mayoría de la gente que se pregunta qué es lo verdaderamente importante en el gran plan de su vida incluye a su familia en la respuesta, al margen de cómo defina cada uno la familia. De hecho, esta última de las cinco preguntas esenciales es un poco distinta a las demás en que las respuestas son bastante predecibles, al menos a primera vista. Imagino que cualquiera que haga esta pregunta diría que la familia, los amigos, el trabajo y quizá la amabilidad son cosas verdaderamente importantes para él o ella.

Digo esto con cierta confianza porque he leído mucho acerca de funerales escritos para celebrar la vida de alguien que falleció recientemente. Los periodistas de leyes, a los que leo regularmente como profesor de derecho, a menudo hacen homenajes para honrar el trabajo y la vida de un colega fallecido recientemente. Los periódicos también dan largos obituarios de personas destacadas que han fallecido. Y tras los ataques terroristas del World Trade Center, el *New York Times* dedicó páginas y páginas a historias de hombres y mujeres asesinados el 11 de septiembre, las cuales leí en su totalidad. Desde hace mucho tiempo me fascinan estos homenajes; de hecho, estas historias me resultan tan atractivas que, durante años, he sugerido a todo aquel que me escucha que debería haber un canal de funerales en la televisión por cable. Pero me estoy desviando del tema.

Lo que he descubierto al leer los funerales es que todos ellos por lo general giran en torno a las cuatro áreas de la vida mencionadas arriba: familia, amigos, trabajo y actos de bondad. Uno tiene que ponerle una pizca de sal a los funerales, obviamente, porque la crítica objetiva no es un elemento de este género. Además, si los leemos con detalle, podemos saber cuándo al escritor le está costando encontrar un ejemplo para una de estas cuatro categorías. Pero los escritores casi siempre lo intentan, lo cual me sugiere la importancia universal de estas cuatro categorías clave. El hecho de que los escritores de funerales intenten discutir estos temas sugiere que creen que estos son los temas que verdaderamente importan; a fin de cuentas, uno no esperaría pasar mucho tiempo hablando de aspectos de la vida del difunto que no fueran importantes.

Esto no significa que no tenga sentido preguntar qué es lo verdaderamente importante porque ya conocemos las respuestas. Tú puedes tener otras categorías. Más importante aún, dentro de estas amplias categorías, todavía tienes que descubrir por ti mismo qué es lo verdaderamente importante. En otras palabras, solamente tú tienes que decidir qué es lo verdaderamente importante en tu trabajo, tu familia, tus amistades y con respecto a cómo ser amable. Y tienes que decidir cómo equilibrar esos valores cuando estén en tensión o entren en conflicto directo, como la necesidad siempre presente de equilibrar la familia y el trabajo.

Hacerte la pregunta «¿Qué es lo verdaderamente importante?» antes de escribir tu funeral es una buena manera de hacer balance de tu vida, y por esa razón es una buena pregunta para hacernos cada año nuevo. Si, como yo, eres terrible para cumplir las resoluciones anuales, sustituir una pregunta por una resolución podría ser una buena estrategia. La clave está en ir más allá de solo identificar las categorías o los temas que son importantes para ti y pensar qué está yendo bien, qué podría ir mejor, y por qué. Yo intento pensar, por ejemplo, en cómo podría ser un mejor esposo, un mejor padre, un mejor amigo y un mejor compañero de trabajo. Cuando mis padres aún vivían, intentaba pensar en cómo ser un mejor hijo. Aún me quedo corto, lo cual es una de las razones por las que continúo haciendo la pregunta.

Concluiré con un ejemplo que tiene que ver con mi madre, el cual ayuda a ilustrar por qué identificar la familia como algo importante es un buen lugar para comenzar, pero no responde del todo a la pregunta de qué es lo verdaderamente importante. Yo sabía que mi madre era importante para mí, pero tardé mucho tiempo en darme cuenta de que lo verdaderamente importante para ella, y por lo tanto para nuestra relación, era mi perdón.

Durante la mayor parte de mi infancia y toda mi vida de adulto, mi madre fue una alcohólica recuperada. Aprecio la idea común de «una vez alcohólico, alcohólico para siempre», pero describo a mi madre como una alcohólica recuperada porque después de dejar de beber nunca más volvió a beber durante el resto de su vida, si bien es cierto que para dejarlo tuvo que irse.

Cuando yo tenía siete años, mi padre convenció a mi madre para ir a un complejo residencial de rehabilitación, al que después ella llamaría, de una forma no muy cariñosa, «la granja de los borrachos». Mi padre no se podía permitir pagar las cuotas, así que pidió dinero prestado al tío de mi madre, que había tenido bastante éxito. Estuvo allí unos seis meses, y mientras estaba allí, mi padre cuidó de mí y de mi hermana. Eso sucedió a principios de los años setenta, antes de que muchos padres estuvieran involucrados de forma activa en los detalles diarios de la crianza de los hijos, y durante un tiempo en el que mi familia no se podía permitir tener una cuidadora regular. Así que era una situación un tanto delicada.

Recuerdo unas cuantas cosas del tiempo en el que mi madre estuvo fuera. Recuerdo que mi hermana y yo nos despertábamos a las cinco y media de la mañana, para que nos pudieran dejar en la casa de una vecina antes de la escuela y mi padre pudiera entrar a trabajar a las seis y media. Recuerdo que esa vecina, que tenía cinco hijos propios, usaba leche en polvo para los cereales y no nos dejaba ver la televisión antes de la escuela, cosas que no me entusiasmaban. Recuerdo que mi madre me escribía muchas cartas, a menudo de formas creativas en la parte posterior de dibujos que ella misma había pintado, o en espiral en un trozo circular de papel. Recuerdo que la extrañé mucho en uno de mis partidos de liga de béisbol. Recuerdo ver a un vecino que me fue a dejar a un campamento de verano señalándome y explicándole claramente al consejero qué era lo que ocurría conmigo y con mi madre. Recuerdo llorar entonces por primera y única vez mientras mi madre estuvo ausente. Recuerdo tener que ir un sábado a casa de mi abuelo cuando mi padre fue a visitar a mi madre, protestando porque era el primer día de la nueva temporada de otoño de dibujos animados, y mi abuelo no tenía televisión. Y recuerdo el día en que mi madre llegó a casa, e hicimos una fiesta.

A partir de ese día, aunque tardé años en darme cuenta, mi madre estaba de alguna manera intentando recuperar el tiempo perdido. Como mi padre, mi madre estaba realmente dedicada a mi hermana y a mí. Nuestra casa era bastante tradicional. Mi madre fue ama de casa hasta que mi hermana fue a la universidad, y entonces volvió a trabajar para ayudar a pagar las cuotas de los estudios.

Mi madre era cuidadosa, inteligente y talentosa. Cocinaba todo tipo de tartas y dulces, y sus postres se hicieron legendarios entre nuestra familia y amigos. Cosía y nos hacía disfraces de Halloween todos los años; tejía suéteres, bufandas, manoplas y gorros; hacía crochet, y también bordados. También leía dos o tres novelas de misterio a la semana y podía terminar el crucigrama del *New York Times* del domingo en una hora. Nos llevaba a todos los entrenamientos y partidos, y nunca se perdía ningún partido. Se convirtió en una segunda madre para mis amigos, y sabía de sus vidas tanto como yo. Cuando mi hermana y yo nos fuimos a la universidad, y después, nos enviaba paquetes sin fallar, nos visitaba, se quedaba hasta tarde dándonos la bienvenida cuando llegábamos a casa, y se levantaba temprano para despedirnos cuando nos íbamos.

Después se convirtió en una abuela dedicada a mis hijos y sobrinos. Y como dije, nunca más volvió a beber. Para mí, todo el episodio de su marcha cuando yo tenía siete años, y el tiempo durante el que bebía, se desvaneció rápidamente, casi hasta el punto de ser invisible.

Pero mi madre nunca lo olvidó. Ni tampoco, como supe después, se lo pudo quitar de la mente con tanta facilidad. El día que Katie y yo nos casamos, mi mamá me apartó a un lado al comienzo de la recepción, antes de que llegaran la mayoría de los invitados. Pude ver que estaba nerviosa, pero no podía entender por qué. Entonces comenzó a hablar sobre el brindis del padrino, y que habría champán. No le estaba entendiendo y finalmente le pregunté, con un poco de impaciencia, de qué estaba hablando. «Me preguntaba», dijo ella, «si está bien por ti que tome un sorbito de champán después del brindis».

Inmediatamente dije: «Claro que sí, mamá, sería genial», y añadí, «tú no tienes que preguntarme eso. Está bien. De verdad. Ni siquiera pienses en ello. ¿De acuerdo?». Le di un abrazo, pero pude ver que pasaba algo.

Ella me dijo en voz bajita: «Vale, gracias», pero no se movió.

Y entonces me di cuenta de lo que realmente me estaba preguntando, lo cual me dejó sin habla. La volví a mirar y le dije: «Mamá, te perdono». Le expliqué que no estaba seguro de haberla culpado nunca, pero si lo había hecho, ciertamente la había perdonado hacía mucho tiempo. Le dije que sentía que aún no lo supiera, e intenté reafirmarle que todo lo que había hecho desde entonces era más de lo que nadie podría esperar o querer de una madre. Pocas horas después, golpeábamos las copas luego del brindis, pero obviamente, no era el champán lo que en realidad importaba.

Lo verdaderamente importante era que mi madre sabía que yo la había perdonado. Estoy intentando decir que perdonar a aquellos a quienes amas, y decirles que los perdonas, debería ser verdaderamente importante para ti. Pero no puedo decirlo con certeza, porque lo que verdaderamente importa depende de ti. Mi única sugerencia es que hagas con regularidad esta pregunta, a otros, claro. Pero más importante aún es que deberías hacerte esta pregunta a ti mismo, y deberías responderla de forma honesta y sin temor. Si lo haces, esta pregunta no solo te ayudará a llegar al fondo de un asunto o problema; también te ayudará a llegar a lo esencial de tu vida.

# Conclusión

# La pregunta extra

Me topé con la pregunta extra recientemente mientras asistía a un funeral de
un amigo muy cercano y antiguo compañero de
piso en la escuela de leyes, Doug Kendall. Como
recordarás del capítulo tres, Doug es el abogado
que comenzó el Constitutional Accountability
Center preguntando, básicamente: «¿No podríamos al menos estar de acuerdo?» en un enfoque
básico de la interpretación de la Constitución.
Doug era un abogado excepcionalmente talento-
so, un líder visionario y un amigo, padre y esposo
intensamente dedicado. También tenía una habilidad especial para hacer preguntas geniales, incluso
se podría decir esenciales.

Conocí por primera vez a Doug en un campo de *rugby* en 1989. Ambos estábamos haciendo las pruebas para el equipo de *rugby* de Virginia. Recuerdo que Doug me miró de arriba abajo, pero principalmente abajo desde su cuerpo de una altura de seis pies y cuatro pulgadas (1,93 metros). Era enorme, de ahí su apodo, «el Grande», y tenía una cabeza extraordinariamente grande con el cabello muy marrón, de ahí su otro apodo, «Cabeza de Búfalo». Doug me vio y dijo, sonriendo: «Bastante bajito para ser jugador de *rugby*».

En el cuarto de siglo siguiente, Doug y yo fuimos compañeros de equipo, de piso, coautores y coconspiradores. No solo jugábamos juntos al *rugby*, sino que también fuimos juntos a la sala de urgencias (las dos estaban conectadas). Una vez bebimos cerveza juntos en unos zapatos de *rugby* sucios (una espléndida tradición del *rugby*); montamos en bicicleta, hicimos senderismo, montamos en kayak y canoa; viajamos a Noruega, México, Costa Rica, Ámsterdam y California. Vimos espectáculos de Bruce Springsteen y partidos de baloncesto de la UVA. Nos obsesionamos con escribir juntos un largo artículo sobre exacciones del uso de los terrenos, un tema oscuro, pero como pensaba Doug, *realmente importante*; debatimos sobre el significado original de varias cláusulas de la Constitución de Estados Unidos. No había muchas partes de mi vida que no se cruzaran con la de Doug.

Nuestros otros compañeros de piso de la escuela de leyes no eran un grupo tímido o apartado; sin embargo, incluso entre este grupo de fuertes personalidades, Doug era innegablemente nuestro líder.

Nos organizaba año tras año para tener reencuentros. La tradición realmente comenzó la primavera de nuestro primer año en la escuela de leyes, en 1990, cuando Doug organizó un viaje a Watoga State Park en West Virginia. Durante los siguientes veinticinco años, seguimos juntándonos al menos una vez al año, incluyendo nuestra última reunión en Maine, un mes antes de la muerte de Doug. Debido a esos reencuentros nos hicimos como familia, como hermanos, y todo era gracias a Doug. Él sabía lo importante que era juntarnos, y se aseguraba de que eso se hiciera a pesar de nuestras agendas cada vez más complicadas, a menudo preguntando: «¿No podríamos al menos...?».

Doug no era solo el líder de nuestro grupo, sino también nuestro animador. Él creía en sus amigos íntimos y familiares más de lo que nosotros creíamos en nosotros mismos. Nunca nos decía lo que hacer, pero siempre nos preguntaba en qué podía ayudar. Y nos ayudaba. Nos ayudó a ser mejores versiones de nosotros mismos haciéndonos preguntas irresistibles sobre nuestro trabajo, nuestras relaciones, nuestras aspiraciones y nuestros temores, preguntas que provocaban respuestas honestas y, como las buenas llaves, abrían lo que podría haber estado escondido a otros y a nosotros mismos.

Doug tenía una cualidad vagamente mística. A decir verdad, la logística diaria de la vida a menudo le resultaba difícil. Él no usaba las palabras exactas «Espera, ¿qué dices?», pero hacía una versión de esa pregunta una y otra vez. Cuando estábamos en la escuela de leyes, por ejemplo, de vez en cuando necesitaba que Doug me llevara de vuelta a nuestra casa. Vivíamos a unas diez millas (dieciséis kilómetros) de la escuela de leyes, en el campo en una pequeña granja. Cuando le preguntaba a Doug a qué hora pensaba volver a casa, a menudo parecía despistado y preguntaba una versión de «Espera, ¿qué dices?». Y después sugería que le volviera a preguntar un par de horas después. Yo decía: «¿Preguntarte dentro de un par de horas cuándo vas a volver a casa? ¿No quieres decir *irnos* en un par de horas?». «Sí», decía él, «pregúntame en un par de horas».

Yo tenía el desafortunado hábito de hacerle a Doug demasiadas preguntas; los viejos hábitos familiares alrededor de la mesa son difíciles de romper. Cuando me pasaba de la raya, Doug dejaba de ser el dulce y amable gigante que era para convertirse en algo bastante distinto. Llamábamos a esas transformaciones «las bajadas de Doug», porque eran como un berrinche, pero peor. Así que cuando Doug sugirió que le preguntase por el viaje a casa en un par de horas, en vez de asentir le presionaba preguntándole enfáticamente qué era lo que iba a saber dentro de un par de horas que no supiera ya. Él respondió algo parecido a: «Sabré si quiero llevar tu trasero a casa o hacerte caminar dieciséis kilómetros. Eso es lo que sabré». Yo asentía educadamente mientras daba un par de pasos hacia atrás.

No obstante, aunque Doug a menudo se aturdía con lo superficial de la vida, nunca he conocido a nadie más en contacto con las corrientes profundas de la vida. Y por esa razón, todos acudíamos a él cuando teníamos que tomar decisiones importantes: sobre nuestras carreras profesionales, mudanzas o incluso si casarnos o no. Doug tenía una forma callada de santificar nuestras decisiones, no porque pensara que tenía el poder de conceder su bendición o que nosotros debiéramos seguir su consejo, sino porque todos sabíamos que él siempre tenía muy a la vista lo que era realmente importante. Si lo que estábamos haciendo tenía sentido para Doug, teníamos más confianza en que era lo correcto y que debíamos hacerlo.

Parte de lo que hacía que Doug fuera un líder así, tanto para sus compañeros de piso como para sus compañeros de trabajo, es que no era cínico. Era muy sarcástico, ciertamente, pero había también en él cierta vulnerabilidad, una apertura. No tenía miedo a mostrar su pasión por asuntos que le importaban, incluso aunque fueran oscuros, como la cláusula de ingresos de la Constitución, la cual Doug consideraba que era algo muy importante, incluso aunque quizá nunca hayas oído hablar de ella. Él nunca se preocupaba por parecer ingenuo, ni era tímido al expresar su genuina curiosidad. Nunca tenía miedo, en otras palabras, a pensar: «Me pregunto por qué…».

Doug murió de cáncer de colon en 2016, a la edad de cincuenta y un años. En el reverso del programa de su funeral había un poema de Raymond Carver, titulado «Último fragmento». El poema comienza con lo que estoy llamando la pregunta extra, la cual es probablemente la pregunta más importante que cualquiera de nosotros haremos jamás:

«¿Y conseguiste lo que querías en la vida, a pesar de todo?».

El «a pesar de todo» al final de la pregunta, para mí, capta perfectamente la realidad de que el dolor y la decepción son una parte inevitable de una vida plena, pero también la esperanza de que la vida, *a pesar de todo*, también ofrece la posibilidad del gozo y el contentamiento. Sospecho que Carver, que estaba muriendo de cáncer cuando escribió el poema, pensaba en su propia vida, la cual había estado llena de amor y quebranto, fracaso y redención. Para el funeral de Doug, la pregunta reflejaba el hecho agridulce de que Doug había vivido una vida extraordinaria y maravillosa pero había muerto demasiado joven.

Yo no puedo garantizar, claro está, que si simplemente haces las cinco preguntas esenciales que aparecen en este libro serás capaz de responder «lo conseguí» a la pregunta extra. Pero creo que las preguntas te ayudarán a llegar hasta ahí, si las haces frecuentemente, porque pueden servir como una guía muy útil para vivir una vida gratificante. A fin de cuentas, las preguntas cubren mucho territorio importante:

> «Espera, ¿qué dices?» es la base de todo entendimiento.
>
> «Me pregunto...» es el corazón de toda curiosidad.
>
> «¿No podríamos al menos...?» es el comienzo de todo progreso.
>
> «¿En qué puedo ayudar?» es la base de toda buena relación.
>
> Y «¿Qué es lo verdaderamente importante?» te ayuda a llegar a lo esencial de la vida.

Si vives una vida impulsada por el yin y el yang de la curiosidad y el entendimiento; si sigues dispuesto a intentar cosas nuevas, ayudar a otros y aprender de otros; y si te mantienes enfocado en lo que verdaderamente te importa, creo que estarás en una buena posición para decir «lo conseguí» cuando llegue el momento de hacerte la pregunta extra.

Al sugerirte que pienses en lo que quieres de la vida, no me refiero a que deberías adoptar una postura egoísta o ver la vida únicamente como algo de donde sacar en vez de devolver. Ni tampoco estoy sugiriendo que deberías pensar en la ganancia material. Simplemente estoy sugiriendo que consideres ahora lo que probablemente te importará cuando se agote tu tiempo. Imagino que la ganancia material jugará un papel relativamente pequeño en tu respuesta final y que tus relaciones con otros serán una medida crucial de tu vida.

Así es, al menos, como Raymond Carver vio su propia vida. Tras preguntar: «¿Y conseguiste lo que querías en la vida, a pesar de todo?», el poema continúa:

> *Lo conseguí.*
> *¿Y qué querías?*
> *Considerarme amado, sentirme*
> *amado en la tierra.*

La palabra *amado* es importante aquí porque significa no solo sentirse muy querido, sino también preciado y respetado. Sentirse amado no es la única medida de una vida bien vivida; pero espero que para muchos de nosotros, dejar esta tierra sintiéndonos amados, apreciados y respetados sea una meta que merece la pena y, al final, una recompensa que también merece la pena. Hacer buenas preguntas, preguntas esenciales, y escuchar las respuestas es sin duda un camino tan válido como cualquier otro hacia esta meta y recompensa. Es por medio de estas preguntas, a fin de cuentas, como se forman y afirman los lazos.

Mi amigo Doug mostró eso durante su vida, razón por la cual el poema de Carver fue tan apropiado para su funeral y la razón de haber dedicado este libro a su memoria. Doug hizo preguntas esenciales, y escuchó atentamente nuestras respuestas. Entendió profundamente el poder y la belleza de las buenas preguntas. Fue amado por su familia, amigos y compañeros de trabajo, y nos hizo a todos sentirnos amados a cambio. Sin duda, la vida de Doug fue una prueba de que una manera segura de considerarse amado es ayudar a otros a sentir lo mismo.

Y si no estás seguro de cómo hacerlo, tan solo pregunta.

# Reconocimientos

Este libro nunca habría sido posible sin Matt Weber, Meredith Kamont y Miles Doyle, lo que significa que gran parte de la culpa es de ellos. Matt y Meredith son colegas de trabajo verdaderamente excepcionales y muy queridos en la Escuela Superior de Educación de Harvard, y fue idea suya poner en línea un breve clip de mi discurso de graduación. Estoy seguro de que fue la brevedad de ese clip, tanto como cualquier otra cosa, lo que hizo que se volviera viral y captara la atención de Miles, editor de HarperCollins. Miles, de manera amable pero insistente, me animó a convertir el discurso en un libro, incluso después de que le expresara mi idea de que no sería posible dadas las demandas de mi trabajo y el hecho de que no estaba seguro de que tuviera nada más que decir. Sin su confianza y optimismo, nunca habría comenzado el libro, y sin su hábil edición y su ánimo continuo, nunca lo habría terminado.

Varios amigos y familiares leyeron el manuscrito, incluidos Steve Gillon, Mimi Gurbst, Marcy Homer,

Mike Klarman, Meredith Lamont, Daryl Levinson y Matt Weber. Todos ofrecieron grandes sugerencias, e igual de importante, fingieron disfrutar las historias. Mi esposa, Katie, también leyó el manuscrito y estuvo de acuerdo, después de rogarle varias veces, en no borrar las historias que conté acerca de ella. Ella también me ayudó a recordar algunas viejas historias. Mientras tanto, nuestros hijos, Will, Sam, Ben y Phebe, generaron algunas nuevas historias mientras yo estaba distraído escribiendo este libro, las cuales compartiré si alguna vez hay una secuela.

Gracias también a mi agente, Joward Yoon, por su experta guía y ayuda, y gracias a Progressive Publishing Services, quienes hicieron un gran trabajo repasando el libro. Gracias también a mi maravillosa asistente, Monica Shack, por ayudarme a encontrar tiempo para trabajar en este libro.

La verdadera alegría de escribir este libro surgió de la oportunidad que me ofreció de reflexionar un poquito en los amigos y familiares con los que he tenido la bendición de compartir mi vida, y acerca de quienes se podrían contar muchas historias más. A todos ustedes, ya sea que los mencionara en estas páginas o fueran parte de historias que nunca deberían llegar a ser impresas, ofrezco mi más profunda gratitud y afecto.